Karin Greiner / Dr. Angelika Weber

Kräuter
von A bis Z

- Die besten Pflanzen für Ihr Kräuterparadies
- Vielseitige Gestaltungsideen für Beet und Topf

Inhalt

Kräuter auswählen

Die Kräuter im Porträt

Mit Kräutern gestalten

Anhang

Kräuter auswählen

Die Vielfalt der Kräuter eröffnet ungeahnte Möglichkeiten – im Garten ebenso wie in Küche und Haushalt. Verschaffen Sie sich einen Einblick ins riesige Sortiment und treffen Sie bestens vorbereitet Ihre Wahl.

Kleine Geschichte der Kräutergärten

Mit ihren Düften, Geschmacksaromen und inneren Kräften faszinieren Kräuter den Menschen seit Urzeiten. Zum Würzen, Heilen und Wohlfühlen leisten neben wild wachsenden Arten heute vor allem Kräuter aus aller Herren Länder, im Garten oder in Gefäßen kultiviert, willkommene Dienste.

Woher kommen Kräuter?

Eine ganze Reihe Begleiter mit Würz- und Heilkraft findet der Mensch in der freien Natur in seiner unmittelbaren Umgebung. In jüngster Zeit nutzen wir wieder vermehrt heimische Arten, etwa Bärlauch, Johanniskraut oder Schafgarbe. Auch „Allerweltspflanzen" wie Gänseblümchen oder Spitzwegerich fallen darunter.

Das ursprüngliche Kräuterangebot unserer Vegetation wurde bereits in der Antike durch die Römer erweitert. Schon damals gelangten Kräuter südländischer Gefilde über die Alpen, weshalb Rosmarin, Lavendel, Salbei und Thymian heute fast als eingebürgert gelten.

Seefahrer brachten mit der Entdeckung ferner Länder Kräuter aus Übersee nach Europa, z. B. Zitronenverbene aus Südamerika, Indianernessel aus Nordamerika, Pelargonien aus Afrika oder Ingwer aus Asien. Als bestaunte Zierpflanzen oder kostbare Luxusprodukte blieben viele von ihnen allerdings lange dem Adel vorbehalten. Im Zuge der Globalisierung bereichern heute Kräuter aus fremden Kulturen zunehmend das Sortiment, etwa Kräuter der

Gewürz-Salbei – silbergrau oder purpurn bis golden gescheckt

Das gelbe Johanniskraut prägt sonnige, trockene Wiesen.

traditionellen chinesischen Medizin (TCM), des Ayurveda oder aus der thailändischen, japanischen oder mexikanischen Küche.

Bei manchen Kräutern lässt sich nicht mehr genau feststellen, wo sie eigentlich herstammen. Safran-Krokus, Gewürzfenchel, Dill oder Kerbel haben sich unter dem Einfluss des Menschen entwickelt und gelten als Kulturformen.

So unterschiedlich wie die geografische Herkunft sind auch die Formen der Vegetation, in denen die Kräuter ursprünglich wachsen. Aromatische Pflanzen mit nutzbaren Eigenschaften, wie es Kräuter sind, findet man von den Meeresküsten bis ins Hochgebirge, in Wäldern, an Gewässerufern, auf Wiesen, in Äckern, Ödland und zwischen Fels. Einige setzen sich an extrem trockenen Standorten durch, andere bevorzugen feuchte Stellen. All dies spielt für die

Ein Kräutergarten in traditioneller Aufteilung mit Wegekreuz.

Auswahl und Kultur eine gewichtige Rolle, denn ihre wahre Persönlichkeit können Kräuter nur am richtigen Standort bei optimaler Pflege entfalten.

Was sind Kräuter?

Botanisch gesehen sind „Kräuter" Pflanzen, die zeitlebens krautig bleiben und nicht verholzen. Im Alltag dagegen bezeichnet man alle Pflanzen als Kräuter, die Würz- oder Heilkräfte besitzen. Die Abgrenzung zum Gemüse ist dabei fließend. Der unterschiedliche Lebensrhythmus der Pflanzen lässt sich nutzen: Langlebige Kräuter, z. B. Sträucher wie Lorbeer, Halbsträucher wie

EXTRATIPP

Busch oder Teppich? Straff aufrecht, dicht buschig, breit ausladend, flach polstrig oder überhängend, all diese Wuchseigenschaften bestimmen neben Breite und Höhe in ausgewachsenem Zustand, wohin ein Kraut gepflanzt wird. Aufstrebende Arten kommen in den Hintergrund, teppichartige nach vorne, kriechende dürfen auch aus Ampeln herabhängen.

Lavendel oder Stauden wie Engelwurz, bleiben Ihnen viele Jahre treu. Dafür bieten Ein- und Zweijährige wie Kerbel oder Königskerze mehr Spielraum für neue Kombinationen.

Vielfältige Kräutergärten

So vielfältig sich Kräuter in ihrer Wuchsform und ihrem Nutzen präsentieren, so mannigfaltig lässt sich mit ihnen ein Garten ausstatten. Kein Kräutergarten gleicht dem nächsten, doch gerade hierin liegt der Reiz.

Noch heute dienen die strikt organisierten Klostergärten des Mittelalters als Vorbild für so manche Anlage: Beete in strenger Linienführung gliederten den Garten, oft von Mauern oder Holzrahmen eingefasst. Darin versammelten sich in erster Linie Heilpflanzen. Es blieb nicht aus, dass so manch Kräutlein würzig auch den Weg in die Küche fand – und die Mönche haben sich sicherlich auch am Duft und an der Schönheit der Pflanzen ergötzt.

Über den Apothekergarten entwickelte sich der geordnete Kräutergarten hin zum ornamentalen Prunkstück eines „Lust- und Würtzgartens“ der Renaissance, bei dem die Beete in kunstvollen Mustern mit möglichst vielen und exotisch anmutenden Arten schier überschäumten.

Dann wieder spielte Geometrie die Hauptrolle: Im Barock ordneten sich die Kräuter der formalen Strenge von Buchshecken und mit Kies belegten Beetflächen unter. Nach dem Vorbild der herrschaftlichen Gärten entstanden schließlich die Bauerngärten, jedoch mit viel mehr Pragmatismus und Naturverbundenheit. Auf den Beeten gediehen Kräuter samt Nutz- und Zierpflanzen in schöner Eintracht.

Viele dieser traditionellen Elemente greift man heute noch auf, um Kräuter im Garten zur Schau zu stellen und natürlich, um sie zu

Kein Bauerngarten kommt ohne schmuckvolle Kräuter aus.

nutzen. Formale Kräutergärten mit geraden Linien haben mit ihrem Gleichmaß ihre eigene Ausstrahlung, frei angelegte glänzen mit ihrem naturnahen Charme. Vielfach werden Kräuter heute auch zwischen die übrigen Gartengewächse gemischt und dürfen neben Rosen oder zwischen Sommerblumen wachsen.

Die richtige Wahl

Angesichts des immer reichhaltigeren Sortiments an Kräutern fällt die Wahl leicht – vorausgesetzt man kann sich entscheiden. An erster Stelle stehen Ihre persönlichen Vorlieben und Bedürfnisse. Gewürzkraut, Heilkraut, Duftkraut oder Bienenweide? Anregend scharf oder sanft fruchtig, Blüten- oder Blattzier, frischgrün oder elegant silbrig? Zum Naschen, für Tee, Bad oder zum Dekorieren? Fragen Sie sich, ob das erwählte Gewächs geeignete Verhältnisse findet, um sich optimal zu entwickeln. Stimmen die Lichtverhältnisse? Ist genügend Platz vorhanden? Muss der Boden den Ansprüchen gemäß verbessert werden? Lassen Sie nicht außer Acht, ob die Art den Winter bei uns übersteht oder ins Haus geholt werden muss – was natürlich ein geeignetes Winterquartier (→ Seite 13) voraussetzt und auch mehr Pflegeaufwand bedeutet. Gut beraten sind Sie immer mit den Klassikern – Küchenkräuter wie Petersilie, Schnittlauch, Bohnenkraut, Dill, Majoran, Kerbel, Salbei, Thymian und Zitronenmelisse. Diese Nutzpflanzen haben ebenso Heilkräfte wie auch Zierwert zu bieten. Experimentierfreudige

Küchenklassiker: Thymian, Basilikum, Lorbeer und Bohnenkraut

EXTRATIPP

Ein Paradies für Nützlinge

Viele Kräuter ziehen nützliche Gartenhelfer an, die Sie bei der Regulierung von Schädlingen und Krankheiten unterstützen. Schwebfliegen, Florfliegen, Schlupfwespen und viele andere Insekten finden in Kräutern Nahrung, Unterschlupf und Brutgelegenheiten. Besonders geeignet sind Doldenblütler wie Dill oder Bischofskraut, Lippenblütler wie Oregano oder Herzgespann sowie Korbblütler wie Schafgarbe oder Mutterkraut.

Kräutergärtner finden in der Palette der Exoten und Raritäten ein weites Feld. Soll der dekorative Aspekt überwiegen, greifen Sie zu Kräutern mit besonders prächtiger Blüte, etwa Stockrose, Ringelblume, Kornblume oder Scheinsonnenhut. Besonders für Heilzwecke sollten Sie Wildarten bevorzugen, denn züchterisch stark beeinflusste Sorten sind meist ärmer an Inhaltsstoffen.

Jedem Kraut das rechte Licht

Wie alle Pflanzen brauchen Kräuter Licht, um leben zu können – die einen mehr, die anderen weniger. Die Mehrzahl der Kräuter sind Sonnenanbeter. Insbesonde-

re Arten wie Lavendel oder Rosmarin aus dem sonnenverwöhnten Mittelmeerraum signalisieren mit nadeligen, derben Blättern ihre Sonnenverträglichkeit. Petersilie oder Sauerampfer bevorzugen sehr helle Plätze, kommen dank größerer Blattflächen aber auch mit weniger Sonne zurecht. Ideal sind 4–5 Stunden pro Tag.
Schatten vertragen nur wenige Kräuter. Bärlauch, Engelwurz oder Waldmeister fühlen sich unter lichten Laubgehölzen wohl, weniger im Dauerschatten von Mauern. Schattentolerant ist auch der Waldsauerklee.

Wasser und Nährstoffe

Kräuter können sich nur entfalten, wenn Wasserversorgung und Nährstoff-

Bärlauch fühlt sich unter Laubbäumen besonders wohl.

Ein heller, luftiger und kühler Raum ist zur Überwinterung ideal.

angebot ihren Ansprüchen entsprechen. Zahlreiche Arten geben sich mit einem eher trockenen Untergrund zufrieden. Die meisten Kräuter stehen in einem normalen, leicht feuchten Boden am besten, der Feuchtigkeit gut speichern kann, ohne aber zu Staunässe zu neigen.
Bezüglich der Nährstoffe erweisen sich Kräuter vielfach als sehr genügsam, oft ist ihnen ein karger Boden sogar zuträglicher als ein gut gedüngter. Ein Überangebot an Nahrung lässt die Gewächse nicht nur fade im Geschmack und arm an Aroma, sondern auch anfällig für Schädlinge und Krankheiten werden.

Kräuter überwintern

Heimische Kräuter und Arten aus klimatisch ähnlichen Regionen kommen problemlos über den Winter. Kräuter aus warmen Gebieten dagegen, insbesondere aus den Tropen und Subtropen, leiden unter winterlicher Kälte – sie müssen in ein helles, kühles (um 10 °C) und gut belüftetes Winterquartier umziehen. Überlegen Sie sich schon vor dem Kauf, ob Sie Kräutern wie Lorbeer, Zitronenverbene, Frucht-Salbei oder Duft-Pelargonien einen Winterplatz wie Treppenhaus oder Wintergarten anbieten können.

Wo kaufen?

Kräuter können Sie heutzutage an jeder Ecke kaufen, im Supermarkt ebenso wie auf dem Wochenmarkt, im Gartencenter und in der Gärtnerei. Neben konventionell produzierter Ware kommen Pflanzen und Samen dabei immer mehr aus ökologischem oder kontrolliert biologischem Anbau. Vorgezogene Kräuter im Topf für den Sofortverbrauch können Sie auch auspflanzen, dabei ist die

Ware von Gärtnern meist robuster und kräftiger. Suchen Sie besondere Kräuterarten, werden Sie bei Spezialgärtnereien fündig, die sich auf Kräuter spezialisiert haben und meist per Post versenden (→ Adressen Seite 255). Gute Gelegenheit bieten auch Pflanzenmärkte oder Tauschbörsen.
Für Samen gilt Ähnliches, ausgefallene Arten bekommen Sie bei Spezialanbietern, bei Naturschutzverbänden und Vereinen zur Erhaltung von Kulturpflanzen.

> **Kräftige, dicht verzweigte Pflanzware wurzelt schnell ein.**

Wann kaufen?

Hauptangebotszeit für Kräuter ist zweifellos das Frühjahr. Schon ab Januar ist Saatgut zu haben, ab März kann auf der Fensterbank vorgezogen werden. Dann kommt auch die erste robuste Topfware von Arten auf den Markt, denen Kälte nicht schadet. Wenn Sie jetzt Kräuter für den Sofortverbrauch erwerben, sollten Sie diese noch einige Zeit im

Im Frühjahr lockt eine reichhaltige Auswahl an Kräutern.

Haus weiterziehen oder aber im Garten gut mit Vlies schützen. Denn die in der Wärme angezogenen Pflanzen reagieren vor allem auf nächtliche Kälte im Frühjahr sehr empfindlich.
Im April und Mai schließlich liegt die Hochsaison für Kräuter. Dann finden Sie das reichhaltigste Angebot und es ist beste Pflanzzeit.
Im Container können Kräuter ganzjährig gepflanzt werden, vorausgesetzt, der Boden ist nicht gefroren. Dennoch sollten Sie den Frühling oder den Herbst zum Erwerb bevorzugen, weil dann die Kräuter am besten einwachsen. Im Sommer ist es oft zu heiß. Mit raschem Transport und ausgiebigem Wässern können Sie dieses Manko aber wieder wettmachen.

Kräuter-Check

Damit Sie viel Freude an Ihren Kräutern haben, sollten Sie beim Kauf auf einige Kriterien achten.

- Sind die Pflanzen kräftig und kompakt gewachsen, machen sie einen vitalen Eindruck? Prüfen Sie auch, ob die Triebe saftig und elastisch sind.

EXTRATIPP

Gezähmte Wildkräuter

Unter Wildkräutern versteht man Arten, die heimisch sind und in freier Natur gesammelt werden. Sie können diese aber auch im Garten anbauen – oft finden Sie Hirtentäschel, Giersch, Gundermann oder Brennnessel ohnehin schon dort. Wollen Sie solche Kräuter ansiedeln, kaufen Sie sich entsprechende Exemplare am besten bei Spezialgärtnereien. Oder fragen Sie einfach Ihren Nachbarn oder andere Gärtner, ob sie Ihnen nicht Samen oder Schösslinge abgeben können.

➤ Alle Pflanzenteile müssen absolut frei von Schädlings- und Krankheitsbefall sein und dürfen keinerlei Flecken aufweisen.
➤ Das Substrat im Topf sollte gleichmäßig von hellen, saftigen Wurzeln durchzogen sein. Die Wurzeln sollen jedoch noch nicht aus dem Topf herauswachsen oder am Boden ein spiraliges Geflecht gebildet haben.
➤ Die Erde im Verkaufsgefäß sollte immer frisch nach Waldboden duften und frei von Algen- oder Moosbewuchs sein.
➤ Samentüten müssen unbeschädigt sein. Die Samen sollten sich möglichst in einer zusätzlichen Schutzverpackung befinden, so bleiben sie länger keimfähig.
➤ Die Verpackung von Saatgut sollte eine ausführliche Beschriftung samt Haltbarkeitsdatum und Keimgarantie tragen.
➤ Saatgut sollte dunkel, kühl und trocken gelagert worden sein.

Beet oder Topf?

Prinzipiell lassen sich alle Kräuter sowohl im Beet als auch im Topf ziehen. Ausschlaggebend für Freiland- oder Gefäßkultur sind praktische Gründe. Im Beet entwickeln sich Kräuter meist

Im Beet vereinen sich Kräuter und Blütenstauden harmonisch.

Immer eine gute Figur machen Kräuter in originellen Pflanzgefäßen.

besser, weil ihr Wurzelraum nicht beschränkt ist. Insbesondere ausdauernde Arten finden hier bessere Bedingungen, sofern sie winterhart sind.

Sonnenhungrige Kräuter wie Lavendel, Johanniskraut oder Färberkamille brauchen das volle Licht – in Gefäßen müssen sie unbedingt in voller Sonne stehen. Arten wie Stockrose, Scheinsonnenhut oder Engelwurz bereiten in Gefäßen bisweilen wegen ihrer Wuchshöhe Probleme. Hier müssen Sie auf einen besonders standfesten Topf achten.

Empfindliche Kräuter, vor allem nicht winterharte wie Gelbwurz, Brautmyrte oder auch Raritäten wie Mexikanischer Koriander oder Meerzwiebel, die man besonders im Auge behalten will, zieht man besser gleich in Kübeln oder Töpfen. Sie müsste man sonst im Herbst ausgraben, topfen und nach dem Winter wieder auspflanzen, was doch erheblichen Aufwand bereitet.

Alternativ kann man solche Arten im Sommer samt Topf im Beet einsenken, dann wirkt es, als ob sie direkt gepflanzt sind.

Auch wenn Sie keinen Garten haben, brauchen Sie auf Kräuter nicht zu verzichten, denn sie lassen sich prima auf Balkon oder Fensterbank stellen. Eine Reihe von Kräutern gedeihen bestens in Zimmerkultur. Dazu gehören Exoten wie Ingwer, Zitronengras, Asiatisches Sumpfpfennigkraut, Vietnamesischer Koriander, Balsamstrauch oder Zitronenblatt. Aber auch Kräuter wie Basilikum, Rotes Shiso oder Kerbel eignen sich für eine kurzzeitige Kultur am Fenster – sie sind sicher rasch abgeerntet.

Das richtige Substrat

Bei der Kultur von Kräutern in Topf, Kübel oder Kasten kommt es ganz entschei-

dend darauf an, welche Erde man verwendet.
Verwenden Sie am besten ein speziell für Kräuter geeignetes Substrat, das gewöhnlich als Kräutererde angeboten wird. Es ist in seiner Zusammensetzung und mit seinen Eigenschaften optimal auf die Bedürfnisse von Kräutern abgestimmt: besonders locker und nur mild gedüngt. Handelsübliche Blumen- oder Pflanzerde, die immer gut aufgedüngt ist, eignet sich pur höchstens für Kräuter mit eher hohem Nährstoffbedarf, etwa Schnittlauch, Petersilie oder Minzen. Vermischen Sie die Erde im Verhältnis 2:1 mit Sand, dann können Sie das so abgemagerte und aufgelockerte Substrat gut für Kräuter verwenden. Für Arten wie Thymian oder Pontischer Beifuß, die sehr magere Erde verlangen, mischen Sie zusätzlich noch einen Teil Splitt, feinen Kies oder Lavagrus hinzu.

Die anspruchslose Kresse wächst selbst in schlichten Tonschalen.

Gefäße auswählen

Oberste Regel für die Gefäßwahl ist, dass es der Größe und dem Wachstum des Krauts angepasst sein muss. Gewöhnlich nehmen die Wurzeln denselben Raum ein wie die oberirdischen Teile, daran können Sie sich bei der Auswahl orientieren. Ein kleines, nur zögernd zulegendes Gewächs kommt also in einen kleinen Topf, eine große, stark wuchernde Art dagegen in einen voluminösen Kübel. Kresse, die nur wenige Tage bis zur Ernte braucht, können Sie in einer flachen Schale ziehen. Bei Form und Material dürfen Sie frei entscheiden, Hauptsache, die Gefäße verfügen über Abzugslöcher im Boden, damit die überschüssige Nässe ablaufen kann. Möchten Sie mehrere Kräuter zusammenpflanzen, wählen Sie große Kübel, Kästen oder Taschentöpfe. Gefäße aus Ton weichen Sie vor dem Befüllen über Nacht in Wasser ein, damit nicht das erste Gießwasser

Tontöpfe sind für die Kräuterkultur ideal – und wirken stilgerecht.

von den Gefäßwänden aufgesaugt wird. Wollen Sie die Gefäße auch den Winter über im Freien lassen, müssen sie frostfest sein.
Da Kräuter sehr empfindlich auf Staunässe reagieren, ist es nie verkehrt, in die Gefäße eine Dränageschicht einzubringen – vor allem, wenn die Pflanzen mehrere Jahre lang darin gezogen werden sollen. Füllen Sie, nachdem Sie die Abzugslöcher mit Scherben abgedeckt haben, eine Schicht aus Blähton, Kies oder Splitt ein. Darauf kommt ein Vlies, dann Erde.

EXTRATIPP

Stopp dem Wuchern
Insbesondere Minzen neigen dazu, dass sie „Füße bekommen“: Sie machen sich mit Ausläufern schnell auf größeren Flächen breit. Dem Wuchern schieben Sie von vornherein einen Riegel vor, indem Sie die Kräuter mit einer Wurzelsperre einpflanzen: von einem alten großen Topf oder Eimer den Boden entfernen, in die Erde einsenken und die Minze dort hineinpflanzen. Sie können Minzen auch gleich in Gefäßen kultivieren, sollten sie dann aber jährlich umtopfen.

Fachbegriffe von A bis Z

➤ **Art**
Gemäß botanischer Systematik eine Rangstufe für Pflanzen, die sich in ihren Merkmalen gleichen. Der wissenschaftliche Artname besteht stets aus zwei Teilen, z. B. *Galium odoratum*, wobei der erste die Gattung nennt und der zweite der Artzusatz ist.

➤ **Ausläufer**
Knapp über oder unter der Erde verlaufende Triebe, die sich in Abständen bewurzeln und Tochterpflanzen hervorbringen. Können zur Vermehrung abgetrennt werden.

➤ **Brutzwiebeln, -knollen**
Tochterorgane von → Zwiebelpflanzen bzw. → Knollenpflanzen, die neben dem jeweiligen Mutterorgan entstehen und zur Vermehrung abgetrennt werden können.

➤ **Direktsaat**
Ausbringen der Samen im Freiland an den endgültigen Wuchsort (vgl. → Vorkultur).

➤ **Dunkelkeimer**
Pflanzen, deren Samen nur bei Dunkelheit keimen. Das Saatgut muss sorgfältig mit Erde und am besten zusätzlich mit Karton oder Papier abgedeckt werden (vgl. → Lichtkeimer).

➤ **Einjährige**
Kurzlebige Pflanze, die ihren Lebenszyklus von der Keimung bis zur Fruchtreife innerhalb eines Jahres durchläuft.

➤ **Frostkeimer**
Pflanzen, deren Samen erst nach Einwirkung von Kälte keimen. Man sät schon im Herbst oder legt die Samen vor Aussaat mehrere Wochen ins Kühlfach.

➤ **Halbstrauch**
Ausdauernde Pflanze, deren Triebe nur im unteren Bereich verholzen, oben jedoch krautig bleiben.

➤ **Knollenpflanze**
Gewächs mit unterirdischem, verdicktem, fleischigem Spross- oder Wurzelteil (Knolle), welches der Speicherung dient.

➤ **Lichtkeimer**
Pflanzen, deren Samen nur unter Lichteinwirkung keimen. Das Saatgut darf nicht oder nur sehr dünn mit Erde übersiebt werden (vgl. → Dunkelkeimer).

➤ **Rhizom**
Auch Wurzelstock genannt. Meist knapp unter der Erdoberfläche vorwiegend waagrecht wachsender Spross, der mehr oder weniger verdickt ist und der Speicherung und Ausbreitung dient.

➤ Sorte
Spezielle Zuchtform einer → Art mit bestimmten Merkmalen, etwa Blattfärbung, Wuchsform oder Blütenfarbe. Sortennamen stehen in einfachen Anführungszeichen hinter dem Artnamen.

➤ Staude
Ausdauernde Pflanze, die zeitlebens krautig bleibt und deren Triebe im Gegensatz zu → Strauch oder → Halbstrauch nicht verholzen.

➤ Staunässe
Zustand, bei dem der Boden oder das Substrat im Gefäß langfristig mit Wasser übersättigt ist. Dadurch können Wurzeln faulen und die Pflanzen absterben. Lockerung durch Untermischen von reichlich Sand und Einbringen einer Dränageschicht (z. B. aus Blähton, Kies, Splitt) schaffen Abhilfe.

➤ Steckling
Pflanzenteil (Triebspitze, Sprossabschnitt oder Blatt), den man zum Zwecke der Vermehrung von einer Mutterpflanze abtrennt, in Substrat steckt und dort zur Bewurzelung bringt.

➤ Strauch
Ausdauernde Pflanze, bei der viele Triebe aus dem Boden treiben und verholzen. Im Gegensatz zum Baum gibt es keinen Hauptstamm.

➤ Substrat
Industriell oder gärtnerisch hergestellte Erde, die aus verschiedenen Bestandteilen wie Torf, Ton, Sand oder aus Erdersatzstoffen wie Tongranulat oder Blähton besteht.

➤ Teilung
Vermehrungsmethode, bei der die Pflanze aus dem Boden geholt und in mehrere Teilstücke getrennt wird, von denen jedes über kräftige Triebknospen verfügen muss.

➤ Vorkultur
Aussaat in Gefäßen unter kontrollierten Bedingungen, etwa im Gewächshaus oder auf der Fensterbank. Die vorgezogenen Pflanzen werden, anders als bei → Direktsaat, erst später an ihren endgültigen Wuchsort umgesetzt.

Zweijährige
Kurzlebige Pflanze, die für ihren Lebenszyklus zwei Vegetationsperioden benötigt. Im ersten Jahr treibt sie nur Blätter, im zweiten Jahr erscheinen Blüten.

Zwiebelpflanze
Gewächs mit unterirdischem Organ in Form einer Zwiebel, die aus mehreren fleischigen Blättern besteht und der Speicherung von Wasser und Nährstoffen dient.

Die Kräuter im Porträt

Ob allseits bekannte Kräuter oder exotische Arten aus fernen Ländern – auf den folgenden Seiten finden Sie eine reichhaltige Auswahl für die Küche, für Heilzwecke oder einfach zur Zierde von Garten, Balkon und Fensterbank.

Aufbau der Porträts

Die bunte Welt der Kräuter gibt sich auf den folgenden Seiten in kurzen Steckbriefen ein Stelldichein. Hier erfahren Sie alles, um die richtige Auswahl zu treffen.

Die Pflanzenporträts

Sortiert sind die Kräuter alphabetisch nach ihren botanischen Namen, die kursiv geschrieben an erster Stelle stehen. Der botanische Name gliedert sich in einen Gattungsnamen, der groß geschrieben wird, und einen Artzusatz, der klein geschrieben wird, z. B. *Ocimum basilicum*. Deutlich hervorgehoben folgt dann der allgemein geläufige deutsche Name.
Neben dem Foto finden Sie Angaben zur Ernte- und Blütezeit. Hier steht auch, ob die Art einjährig, zweijährig, Staude, Zwiebelpflanze, Knollengewächs oder Halbstrauch ist.
Die Symbole (→ nebenstehende Übersicht) liefern kurz und knapp wichtige Details zu Standort und Verwendung.
Alle Porträts zeigen dieselbe Gliederung in Rubriken. Einzelne Rubriken entfallen bisweilen, wenn es beispielsweise keine wichtigen Hinweise gibt oder keine weiteren Namen gebräuchlich sind. Im Einzelnen finden Sie in den Rubriken folgende Informationen:
Andere Namen: Manche Kräuter sind unter vielen verschiedenen deutschen Namen bekannt. Diese finden Sie hier, ebenso weitere botanische Bezeichnungen, die im Handel noch gebräuchlich sind.
Familie: deutscher und botanischer Name der Pflanzenfamilie, der die Art angehört
Herkunft: geografisches Verbreitungsgebiet und Vegetationstyp; die Angabe des Herkunftsgebietes entfällt bei Züchtungen, da diese durch menschliches Zutun erst entstanden
Aussehen: Hier wird das Äußere der Pflanze beschrieben: Höhe, Wuchsform, Blattgestalt, Blüten und Früchte.
Standort: Hinweise zu Ansprüchen an Licht, Feuchtigkeit und Boden finden Sie in dieser Rubrik.
Pflegen: Sind Maßnahmen zu Bewässerung, Düngung oder Rückschnitt notwendig, werden sie hier genannt, ebenso Angaben zu Kulturformen, welche

Ein Paar, das sich gefunden hat: Tomate und Basilikum.

Bedingungen die Pflanze zur Überwinterung braucht und wie sie vermehrt wird.
Verwendung: Diese Rubrik gibt einen Überblick darüber, welche Teile der Pflanze geerntet und wie sie gebraucht werden.
Hinweis: Besondere Angaben, z. B. Warnhinweise, werden hier genannt.
Arten/Sorten: Weitere, nahe verwandte Arten bzw. geläufige oder besondere Sorten finden Sie hier.

Die verwendeten Symbole

Die Pflanze ist besonders anspruchslos und eignet sich auch für Anfänger (Standortansprüche und Pflegehinweise beachten). Dieses Symbol steht neben dem Pflanzennamen.

Der Standort muss hell sein und mehr als 5 Stunden volles Licht pro Tag erhalten.

Der Standort sollte vor allem mittags nicht besonnt sein.

Der Standort sollte nicht besonnt sein bzw. die Pflanze verträgt auch einen schattigen Standort.

Das Kraut wird im frischen Zustand verwendet.

Das Kraut wird getrocknet verwendet und aufbewahrt.

Das Kraut ist eine gute Würze für die Küche.

Das Kraut besitzt besondere Heilkräfte.

Das Kraut ist für Anwendungen im Wellnessbereich geeignet.

Das Kraut eignet sich für Dekorationen.

Kräuter

von A bis Z

Ganz zu Recht gelten Kräuter als wahre Tausendsassas, denn sie vereinen gleich viele Vorzüge in sich. Sie zieren mit schönem Blattwerk und hübschen Blüten, erfreuen mit angenehmen Düften und würzigen Geschmacksnoten und wirken in vielerlei Hinsicht wohltuend auf Körper und Seele. Hier finden Sie Wildkräuter und Gartenkräuter für Beet- und Gefäßkultur.

Erntezeit:
April – Sept.
Blütezeit:
Juni – Okt.

Staude

Achillea millefolium ssp. *millefolium*

Wiesen-Schafgarbe ✿

Andere Namen: Bauchwehkraut, Frauenkraut, Tausendblatt
Familie: Korbblütler (*Asteraceae*)
Herkunft: Europa, Sibirien; Wiesen, Wege, Feldränder
Aussehen: bis 80 cm hoch, buschig; mit gefurchten Stängeln und dunkelgrünen, fein gefiederten Blättern; Blüten weiß, oft rosa überhaucht, in doldenartigem Blütenstand
Standort: sonnig; auf normalem Boden
Pflege: sehr anspruchslos; Vermehrung durch Teilung
Verwendung: Die zarten Blätter werden im Frühling frisch gepflückt, während der Blütezeit sind alle krautigen Teile nutzbar. Schafgarbe schmeckt frisch zu Salaten oder Quark. Die frischen Blüten eignen sich für Gesichtsdampfbäder bei fettiger Haut. Das getrocknete Kraut ist ein wirksamer Tee bei Magen-Darm-Beschwerden und bei Menstruationsschmerzen. Es eignet sich auch für Sitzbäder. Schafgarbe fördert zudem die Kompostrotte.
Hinweis: nicht anwenden in der Schwangerschaft und bei bestehender Allergie auf Korbblütler (Wiesendermatitis)

Erntezeit:
Mai – Okt.
Blütezeit:
Mai – Okt.

einjährig

Acmella oleracea

Parakresse

Andere Namen: Brasilkresse, Husarenknopf, Augapfel-, Zahnwehpflanze, Prickelknöpfchen, *Spilanthes oleracea*
Familie: Korbblütler (*Asteraceae*)
Herkunft: tropisches Brasilien
Aussehen: breitet sich mit niederliegenden Trieben teppichartig aus und wird etwa 25 cm hoch; dunkles, rötlich grünes Laub; Blüte gelb bis rot, knopfartig
Standort: sonnig bis halbschattig und warm; normaler Gartenboden; gut für Frühbeet oder Gewächshaus
Pflege: gleichmäßig feucht halten; Vermehrung durch Aussaat, die Vorkultur beginnt ab März, die Direktsaat ab Mai; die Keimtemperatur liegt bei 18–20 °C
Verwendung: Blätter und Blüten können bei Bedarf frisch abgezupft oder abgeschnitten werden. Sie hinterlassen auf Zunge und Lippen ein prickelndes Gefühl mit pikant-scharfem Geschmack und eignen sich als Gemüse oder Gewürz für Suppen, Salate usw. Die zerkauten Blätter erfrischen den Atem, stärken das Zahnfleisch und lindern Zahnschmerzen.

Erntezeit:
Juni – Juli
Blütezeit:
Juni – Juli

Staude

Acorus calamus

Echter Kalmus

Andere Namen: Deutscher Ingwer, Deutscher Zitwer, Magenwurz
Familie: Kalmusgewächse (*Acoraceae*)
Herkunft: Ostasien, in Europa eingebürgert; Sümpfe und Gewässerufer
Aussehen: wintergrüne, dicht buschige Rhizomstaude mit schwertförmigen, über 1 m langen Blättern; Blüten in grünlich gelben Kolben, die vom blattartigen Stängel überragt werden
Standort: sonnig bis halbschattig; auf stets nassem Boden
Pflege: altes Laub im Frühjahr entfernen; neigt zum Wuchern; zur Vermehrung das Rhizom teilen
Verwendung: Die Wurzeln werden während der Blütezeit ausgegraben, in Scheiben geschnitten und getrocknet. Die gemahlene Wurzel wird als Würze wie Ingwer verwendet, z. B. in Marmeladen. Als Tee hilft sie bei Magen-, Darm- und Gallenbeschwerden.
Hinweis: Kalmus kann hautreizend wirken und sollte nicht in der Schwangerschaft angewendet werden.

Erntezeit:
März – Juni
Blütezeit:
Juni – Aug.

Staude

Aegopodium podagraria

Giersch ✿

Andere Namen: Geißfuß, Gichtkraut
Familie: Doldenblütler (*Apiaceae*)
Herkunft: Europa, Asien, Nordamerika; Gebüsche, Waldränder, Gärten und Parks
Aussehen: bis 1 m hoch und buschig; mit dreikantigen, markerfüllten Stängeln und gelbgrünen, dreigeteilten, gezähnten Blättern, deren Stiele sich an der Ansatzstelle hufartig verbreitern („Geißfuß"); weiße Blüten in großen, schirmförmigen Dolden; eiförmige, kümmelähnliche Früchte
Standort: halbschattig; normale, nährstoffreiche Böden
Pflege: überaus anspruchsloses Wildkraut
Verwendung: junge Blätter mit Geschmack nach Möhre und Sellerie im Frühjahr ernten, nur frisch für Spinatgemüse, in Butter, Pesto, Suppen, Saucen, zu Kartoffeln oder gehackt aufs Butterbrot; junge Stängel frisch als Gemüse; Blüten als Garnierung; Früchte für Suppen und Gemüsegerichte
Hinweis: Giersch breitet sich über unterirdische, weiße Ausläufer aus und gilt allgemein als hartnäckiges Unkraut.

Erntezeit:
Juni – Sept.
Blütezeit:
Juli – Sept.

Staude

Agastache cana

Moskitopflanze

Familie: Lippenblütler (*Lamiaceae*)
Herkunft: Mexiko; Wiesen, Gebüsche und Waldränder
Aussehen: aufrecht bis buschig, wird 50–80 cm hoch; mit lanzettlichen, mattgrünen Blättern; Blüten rosa, röhrenförmig, in üppig blühenden Kerzen
Standort: sonnig bis halbschattig; auf leicht feuchten, durchlässigen Böden
Pflege: häufig gießen und mit Kompost düngen; wird für gewöhnlich nur einjährig gezogen, zur Vermehrung nach der Blüte teilen
Verwendung: Blüten und junge Blätter nach Bedarf zupfen; frisch zum Würzen von Salaten, Süßspeisen oder für Tees
Hinweis: Die Pflanze soll Mücken und andere Insekten abwehren. Sie ist eine wertvolle Bienenweide.
Arten/Sorten: Ähnlich ist der Anisysop, auch Duftnessel (*A. foeniculum*) genannt. Er blüht purpurrot. Sein Name bezieht sich auf die Blätter, die nach Anis und Lakritz riechen und auch im Geschmack daran erinnern.

Erntezeit:
Juni – Sept.
Blütezeit:
Juli – Sept.

Staude

Agastache mexicana

Limonenysop

Anderer Name: Mexikanische Melisse
Familie: Lippenblütler (*Lamiaceae*)
Herkunft: Mexiko; Wiesen, Gebüsche und Waldränder
Aussehen: aufrechte, bis 1 m hohe, buschig wachsende Staude mit ovalen bis lanzettförmigen, mattgrünen Blättern mit gesägtem Rand; Blüten karminrot, in Ähren; intensiver Duft und Geschmack nach Anis
Standort: sonnig bis halbschattig; auf humosen, leicht feuchten, nährstoffreichen Böden
Pflege: zum Austrieb mit Kompost düngen; gleichmäßig feucht halten; frostempfindlich, daher ist Winterschutz ratsam; zur Vermehrung nach der Blüte teilen
Verwendung: Blüten und Blätter nach Bedarf pflücken und frisch als Würze für Salate, Saucen, Fisch, Geflügel, Süßspeisen oder als Tee verwenden; herrliche Schmuckstaude
Hinweis: gute Bienenweide
Arten/Sorten: 'Toronjil Morado' (Purpurmelisse) blüht leuchtend purpurrot und duftet intensiv nach Zitrone.

Erntezeit:
April – Juli
Blütezeit:
Juli – Sept.

Staude

Agastache rugosa

Koreanische Minze

Familie: Lippenblütler (*Lamiaceae*)
Herkunft: China, Japan; Wiesen
Aussehen: schnellwüchsig, wächst straff aufrecht bis buschig und wird bis 1,2 m hoch; verzweigte Stängel mit etwa 8 cm langen und leicht klebrigen Blättern; Blüte rosa mit weißen Spitzen, in 10 cm langen Ähren
Standort: sonnig; durchlässige, humose, leicht feuchte Böden
Pflege: zum Austrieb mit Kompost düngen; im Frühjahr bis knapp über den Boden zurückschneiden; zur Vermehrung nach der Blüte teilen
Verwendung: Die frischen Blätter und Stängel riechen kräftig nach Minze. Sie werden vor Blühbeginn geerntet und eignen sich für Teemischungen. Die Blüten kann man im Sommer zum Garnieren oder für Duftpotpourris verwenden.
Hinweis: Die Pflanze wird in der Traditionellen Chinesischen Medizin (TCM) gegen Erkältungskrankheiten verwendet.
Arten/Sorten: Die Sorte 'Alba' (Weißblühende Koreanische Minze) erweist sich als robust und ausdauernd.

Erntezeit:
Juli – Sept.
Blütezeit:
Juli – Sept.

zweijährig

Alcea rosea

Chinesische Stockrose

Andere Namen: Stockmalve, Rosenpappel, Bauernrose
Familie: Malvengewächse (*Malvaceae*)
Herkunft: östliches Mittelmeergebiet, Balkan und Kleinasien; Grasländer und Felsfluren
Aussehen: im ersten Jahr nur Blattrosette, im zweiten mit rau behaartem, 1,2–2 m langem Blütenschaft; Blätter lang gestielt, behaart; Blüten schwarzpurpurn, bei Sorten weiß, gelb, apricot, rosa, rot, violett, groß, trichterförmig, in lockerer Traube
Standort: sonnig, windgeschützt; auf lockeren, tiefgründigen und möglichst nahrhaften Gartenböden
Pflege: mit Kompost versorgen; häufig gießen; bei Bedarf aufbinden; Vermehrung durch Samen, sät sich auch selbst aus
Verwendung: Blüten samt Kelch abpflücken oder -schneiden; frische Blüten für Garnierungen, getrocknet heilkundlich als Tee gegen Husten, Rachen- und Halsentzündungen
Arten/Sorten: 'Nigra' (→ Abb.) blüht fast schwarz und ist besonders heilkräftig. Halb- und dicht gefüllte Sorten eignen sich nur als Gartenzierde oder zum Garnieren von Süßspeisen.

Erntezeit:
Mai – Aug.
Blütezeit:
Mai – Aug.

Staude

Alchemilla xanthochlora

Gelbgrüner Frauenmantel ✿

Andere Namen: Alchemistenkraut, Marienkraut, Frauenhilf, Taukraut, bisweilen fälschlich als *A. mollis* geführt
Familie: Rosengewächse (*Rosaceae*)
Herkunft: Europa bis Asien; Gebüsche, Wiesen, Waldränder
Aussehen: rosettenartig, bis 50 cm hoch; mit weichhaarigen, 7- bis 9-lappigen Blättern, aus deren gezähnten Rändern kleine Wassertröpfchen austreten; Blüten gelblich grün, knäuelartig in lockeren Rispen
Standort: sonnig bis halbschattig; auf humusreichen, leicht feuchten, aber durchlässigen Böden
Pflege: nach der Blüte kräftig zurückschneiden; mit Kompost düngen; im Spätwinter oder zeitigen Frühjahr teilen
Verwendung: Verwendet werden die Blätter oder das blühende Kraut. Die frischen Blättchen eignen sich für Salate und Suppen. Tee aus dem getrockneten Kraut hilft bei Menstruationsstörungen, Beschwerden in den Wechseljahren und gegen Magen-Darm-Beschwerden.
Hinweis: nicht während der Schwangerschaft anwenden

Erntezeit:
April – Aug.
Blütezeit:
Mai – Juni

einjährig

Alliaria petiolata

Knoblauchsrauke ✿

Andere Namen: Knoblauchshederich, Lauchkraut
Familie: Kreuzblütler (*Brassicaceae*)
Herkunft: auf der gesamten Nordhalbkugel; an Wald-, Weg- und Feldrändern, in Wiesen, Gärten und Parks, Unkrautfluren
Aussehen: bis 1 m hoch und straff aufrecht; herz- bis nierenförmige, am Rand gekerbte Blätter; Blüten klein und weiß, in doldenartigem Blütenstand; sehr schlanke, bis 3 cm lange Schotenfrüchte; alle Teile duften nach Knoblauch
Standort: halbschattig; nährstoffreicher, leicht feuchter Boden
Pflege: sehr anspruchslos; Vermehrung durch Aussaat
Verwendung: Junge Blätter und Triebe werden ähnlich wie Bärlauch im Frühling frisch gepflückt, während der Blütezeit sind alle krautigen Teile nutzbar, später erntet man bevorzugt die Schotenfrüchte. Sie dienen als Würze für Salate, Suppen, Quark- und Eierspeisen sowie für Gemüsegerichte. Die Blüten sind zarter im Aroma und lassen sich als Würze wie zur Dekoration einsetzen. Die reifen Samen, von Juli bis August geerntet, können zu Senf oder in Pesto verarbeitet werden.

Erntezeit: *ganzjährig*
Blütezeit: *Juli – Aug.*

Zwiebelpflanze

Allium cepa Proliferum-Gruppe

Etagenzwiebel ✲

Andere Namen: Luftzwiebel, Ewige Zwiebel, Kronenzwiebel, Ägyptische Zwiebel, Sibirischer Lauch, Catawissazwiebel
Familie: Lauchgewächse (*Alliaceae*)
Herkunft: nur in Kultur bekannt
Aussehen: bis 1 m hoch; mit hohlen Stängeln und röhrenförmigen Laubblättern; weiße Blüten in kugeligen Dolden; sowohl unterirdisch als auch in den Blütenständen Brutzwiebeln, die wiederum austreiben; unter der Last knickt der Blütenstiel, die Zwiebeln sinken zu Boden und bewurzeln sich
Standort: sonnig; nährstoffreiche, wasserdurchlässige Böden
Pflege: anspruchslos; bei Trockenheit gießen und Boden regelmäßig lockern; Vermehrung durch Brutzwiebeln
Verwendung: Die Brutzwiebeln können ganzjährig nach Bedarf geerntet werden. Man verwendet sie frisch. Sie schmecken sehr aromatisch und sind schärfer als gewöhnliche Küchenzwiebeln. Man kann sie roh, gedünstet, gebraten oder auch eingelegt genießen. Die jungen Blätter mit milderem Aroma schneidet man im Frühjahr und setzt sie als Würze ein.

Erntezeit: *ganzjährig*
Blütezeit: *Juli – Aug.*

Zwiebel-pflanze

Allium fistulosum

Winterheckzwiebel ✿

Andere Namen: Lauchzwiebel, Frühlingszwiebel, Jakobslauch, Winterzwiebel, Grober Schnittlauch
Familie: Lauchgewächse (*Alliaceae*)
Herkunft: Sibirien bis Nordwestchina; Wiesen, Grasfluren
Aussehen: bis 60 cm hoch; länglich walzenförmige Zwiebeln; röhrenförmige Laubblätter; Blüten grünlich weiß, in kugeligem Blütenstand, anfangs von Hüllblatt umschlossen
Standort: sonnig; nährstoffreiche, wasserdurchlässige Böden
Pflege: anspruchslos, bei Trockenheit gießen; Boden unkrautfrei halten und regelmäßig lockern; Vermehrung durch Aussaat von Ende März bis Anfang April
Verwendung: Man schneidet die frischen Blätter (Schloten) nach Bedarf oder zieht die ganzen Pflanzen heraus. Sie werden wie Schnittlauch oder Küchenzwiebeln verwendet. Die Blätter können klein geschnitten eingefroren werden. Die Zwiebeln gelten als gesundheitsfördernd und desinfizierend.
Hinweis: Zieht man die Pflanzen im Frühbeet bzw. schützt sie gut vor Wind, kann man sie ganzjährig ernten.

Erntezeit:
Mai – Okt.
Blütezeit:
Juli – Aug.

Zwiebelpflanze

Allium sativum

Knoblauch ✿

Familie: Zwiebelgewächse (*Alliaceae*)
Herkunft: Kulturform; Urformen aus Zentralasien
Aussehen: einzelner, bis 80 cm hoher Stängel mit graugrünen, linealisch-zugespitzten Blättern; die Knolle im Boden besteht aus einer eiförmigen Hauptzwiebel mit vielen Nebenzwiebeln (Zehen); Blüten rötlich weiß, in Dolden, anfangs von einem Hochblatt umgeben
Standort: sonnig; auf schweren, gut gedüngten, nur mäßig feuchten Böden
Pflege: anspruchslos; Zehen oder Brutzwiebeln im März oder August 5 cm tief und mit 15 cm Abstand stecken
Verwendung: Die Zwiebel wird erst geerntet, wenn die Blätter vergilbt sind. Die Brutzwiebeln und die grünen Blätter werden nach Bedarf gepflückt. Blätter und Zwiebeln eignen sich frisch, die Zwiebeln auch getrocknet als Gewürz oder Gemüse. Der frisch gepresste Saft hilft gegen Husten.
Hinweis: Knoblauchtee beugt Pilzbefall vor. Dazu nach dem Austrieb alle 2–3 Wochen über die Pflanzen sprühen.

Erntezeit:
ganzjährig
Blütezeit:
Juni – Aug.

Staude

Allium schoenoprasum var. *schoenoprasum*

Schnittlauch ✿

Familie: Zwiebelgewächse (*Alliaceae*)
Herkunft: Europa; Feuchtwiesen und Flussauen
Aussehen: Horste 20–30 cm hoch, mit grünen, röhrenförmigen Blättern; Blüte rötlich lila, in halbkugeligen Köpfchen
Standort: sonnig bis halbschattig; auf feuchten, kalkhaltigen und nährstoffreichen Böden
Pflege: gut feucht halten; Kompostdüngung im Frühjahr; alle 2–3 Jahre durch Teilung verjüngen; eignet sich gut für Gefäßkultur; Vermehrung durch Teilung
Verwendung: Die Blätter und Blüten werden nach Bedarf abgeschnitten. Sie schmecken am besten frisch zu verschiedenen Speisen wie Salaten, Saucen, Suppen, Rührei, Kräuterbutter usw. Auch die Blüten kann man sowohl als Würze als auch zur Garnierung nutzen. Schnittlauch ist zum Trocknen ungeeignet, kann aber geschnitten eingefroren werden.
Hinweis: Zupft man regelmäßig die Blütenknospen ab, bleiben die Röhrenblätter besonders lange zart und saftig. Lässt man die Pflanzen blühen, werden die Blätter derber.

Erntezeit:
März – Nov.
Blütezeit:
Juni – Juli

Staude

Allium tuberosum

Schnittknoblauch

Anderer Name: Knolau
Familie: Zwiebelgewächse (*Alliaceae*)
Herkunft: Ostasien; Wiesen
Aussehen: ähnlich wie Schnittlauch, aber mit flachen Blättern, etwa 40 cm hoch; die pfeilartigen Blütentriebe tragen sternförmige, weiße Blüten in Dolden; zart duftend
Standort: sonnig; lockerer, humoser, mäßig feuchter Boden
Pflege: viel gießen und düngen; die Blütentriebe laufend ausbrechen; die Aussaat erfolgt am besten in Schalen, da die Keimblätter Grashalmen ähneln und man sie sonst leicht damit verwechselt; die Samen keimen langsam bei 10–15 °C in 3–6 Wochen; ältere Stöcke können im Spätsommer oder Frühjahr nach dem Austrieb geteilt werden
Verwendung: Schneiden Sie die mild nach Knoblauch duftenden Blätter nach Bedarf, die Blüten werden einfach abgezupft. Die frischen Blätter werden wie Schnittlauch, z. B. zu Suppen, Salaten oder Quark, verwendet und als Gemüse gegessen. Die Blüten eignen sich zum Garnieren oder auch in Potpourris.

Erntezeit:
April – Juli
Blütezeit:
Mai – Juni

Zwiebelpflanze

Allium ursinum

Bärlauch ✿

Andere Namen: Wilder Knoblauch, Waldknoblauch
Familie: Zwiebelgewächse (*Alliaceae*)
Herkunft: Europa, Asien; Bachufer, Laubwälder
Aussehen: 20–35 cm hoch; mit paarweise gestielten, eiförmig-lanzettlichen Blättern; Blüten weiß, sternförmig, in lang gestielten, halbkugelförmigen Dolden
Standort: halbschattig bis schattig; auf feuchten, lehmig-humosen, kalkhaltigen Böden
Pflege: anspruchslos; Vermehrung durch Brutzwiebeln
Verwendung: Blätter, Blütenknospen und Blüten von April bis Juni, die Zwiebeln nach der Blüte ernten; am besten frisch verwenden; roh oder gedünstet zu Suppen und Salaten, Saucen, als Gemüse wie Spinat; zur Konservierung in Öl oder Essig einlegen bzw. zu Pesto verarbeiten; die Blätter lassen sich auch gut einfrieren; heilkundlich ähnlich wirksam wie Knoblauch
Hinweis: Verwechslungsgefahr mit dem giftigen Maiglöckchen (*Convallaria majalis*) und der Herbstzeitlosen (*Colchicum autumnale*); nur Bärlauchblätter riechen nach Knoblauch

Erntezeit: *ganzjährig*
Blütezeit: *Frühjahr*

Staude

Aloe vera

Echte Aloe ✿

Anderer Name: *Aloe barbadensis*
Familie: Aloegewächse (*Aloaceae*)
Herkunft: Trockengebiete in Afrika, Madagaskar, Arabien
Aussehen: bis 60 cm hoch; mit grundständiger Rosette aus schmalen, fleischigen, am Rand bestachelten Blättern, graugrün mit weißen Flecken; nur an älteren Exemplaren leuchtend gelbe bis orangefarbene, glockige Blüten
Standort: sonnig und warm; Gefäßkultur, ganzjährig bei Zimmertemperatur (etwa 21 °C), im Sommer regengeschützt auch im Freien; Kakteen- oder Sukkulentensubstrat verwenden
Pflege: sparsam wässern; Vermehrung über Seitensprosse
Verwendung: nach Bedarf Blatt abschneiden; äußerlich zur Förderung der Wundheilung bei Verbrennungen, Sonnenbrand oder Insektenstichen, dazu einfach Blattstück auflegen oder etwas frisch ausgepresstes Gel einreiben; als Maske Blattstücke auf die Haut legen und einwirken lassen; innerlich zur Regeneration der Darmschleimhaut und als abführendes Mittel (nicht ohne ärztlichen Rat einnehmen!)

Erntezeit:
Juli – Okt.
Blütezeit:
Sept.

Strauch

Aloysia triphylla

Zitronenverbene

Andere Namen: Zitronenstrauch, Duftverbene, Verveine
Familie: Eisenkrautgewächse (*Verbenaceae*)
Herkunft: Südamerika; Gebüsche
Aussehen: bis 2 m hoher Strauch mit lanzettlichen, bis 10 cm langen Blättern; Blüten weiß, zierlich, duftend, in endständigen Rispen
Standort: sonnig bis halbschattig; auf durchlässigem Substrat bzw. Gartenerde; im Sommer im Freien vor Wind schützen
Pflege: Kultur als Kübelpflanze; gleichmäßig leicht feucht halten; im Sommer alle 2 Wochen düngen; bei 5–10 °C hell überwintern; im Frühjahr zurückschneiden; die Vermehrung erfolgt über Stecklinge
Verwendung: Blätter und Blüten können nach Bedarf abgeschnitten oder gepflückt werden. Sie eignen sich frisch oder getrocknet zum Würzen und Aromatisieren. Als Tee wirken sie beruhigend. Auch für Potpourris kann man sie verwenden.
Hinweis: Über einen längeren Zeitraum eingenommen kann der Tee zu Verdauungsbeschwerden führen.

Erntezeit:
Juni – Nov.
Blütezeit:
Juni – Aug.

Staude

Althaea officinalis

Echter Eibisch ✿

Anderer Name: Hustenkraut
Familie: Malvengewächse (*Malvaceae*)
Herkunft: östliches Mittelmeergebiet; Küsten, Wiesen
Aussehen: aufrecht buschig, bis 1,5 m hoch, mit fleischiger Pfahlwurzel; behaarte, kaum verzweigte Stängel mit herzförmigen, weichhaarigen Blättern; Blüte weißlich, zartviolett oder hellrosa, trichterförmig
Standort: sonnig; auf feuchten, tiefgründigen, auch salzhaltigen Böden
Pflege: bei Trockenheit gießen; im Herbst teilen
Verwendung: Die Blüten, jungen Blätter und Wurzeln (im Herbst ausgraben) werden frisch oder getrocknet verwendet. Als Tee (Wurzel kalt ansetzen und mild erwärmen) helfen sie bei Husten, Magen-Darm-Beschwerden, Blasen- und Harnwegsentzündung. Der Tee bzw. Brei aus den Blättern wirkt als Umschlag bei Hautverletzungen, Geschwüren und Furunkeln. Die jungen Blätter schmecken im Salat oder als Gemüse.
Hinweis: wertvolle Bienenweide

Erntezeit:
Juni – Nov.
Blütezeit:
Juni – Sept.

einjährig

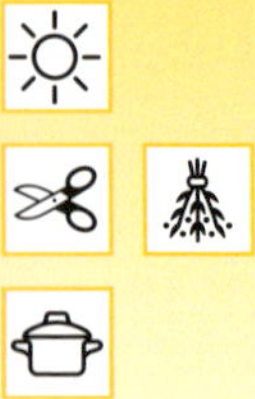

Amaranthus caudatus

Garten-Fuchsschwanz ✿

Andere Namen: Amarant, Meier, Inkaweizen
Familie: Fuchsschwanzgewächse (*Amaranthaceae*)
Herkunft: Mittel- und Südamerika; Wegränder, Ödland
Aussehen: buschig, 40–120 cm hoch; Stängel meist rot, flaumig behaart; Blätter oval, stumpfgrün, kahl; Blüten dunkelrot, in langen, hängenden Scheinähren
Standort: sonnig, warm, windgeschützt; nahrhafte, gut durchlässige und humusreiche Gartenböden
Pflege: gleichmäßig leicht feucht halten; Vermehrung durch Aussaat, sät sich leicht selbst aus
Verwendung: frische Blätter und Triebe roh oder gekocht als Salat oder Gemüse, die zarten Stängel sind ähnlich wie Spargel; die winzigen Samen (glutenfrei) aus Fruchtständen herausschütteln, frisch oder getrocknet in Müsli, gemahlen zur Herstellung von Brei, Fladen und Teigwaren, wie Puffmais rösten
Hinweis: Amarant ist ein vollwertiger Getreideersatz bei Glutenunverträglichkeit (Zöliakie); hoher Eisengehalt, gegen Eisenmangel im Blut wirksam (z. B. in der Schwangerschaft)

Erntezeit: *Juni – Okt.*
Blütezeit: *Juni – Okt.*

einjährig

Ammi majus

Bischofskraut

Andere Namen: Große Knorpelmöhre, Weißer Dill, Ammei
Familie: Doldenblütler (*Apiaceae*)
Herkunft: Mittelmeerraum; Ödland, felsige Standorte, Wegränder
Aussehen: straff aufrecht, bis 1 m hoch; Blätter fein gefiedert, graugrün; Blüten klein, weiß, in schirmförmigen Doppeldolden; Früchte braun, gefurcht
Standort: sonnig bis halbschattig; auf mäßig trockenen, nährstoffreichen Böden
Pflege: bei Bedarf stützen; Direktaussaat ab April
Verwendung: Die jungen Blättchen werden nach Bedarf, die reifen Früchte im Herbst geerntet. Die frischen Blätter verwendet man wie Petersilie, die Samen frisch oder getrocknet wie Kümmel. Auch als Schnittblume in Sträußen eignet es sich.
Hinweis: Das Bischofskraut kann Wiesendermatitis auslösen.
Arten/Sorten: Von *A. visnaga*, dem Zahnstocherkraut, kann man die harten Strahlen getrockneter Blütendolden abbrechen und wie Zahnstocher nutzen.

Erntezeit:
Mai – Nov.
Blütezeit:
Juni – Aug.

einjährig

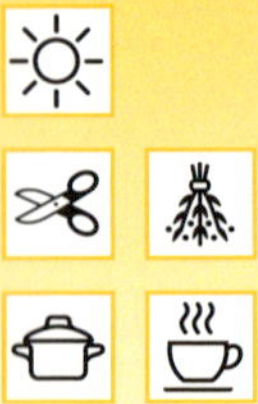

Anethum graveolens var. *hortorum*

Garten-Dill

Anderer Name: Gurkenkraut
Familie: Doldenblütler (*Apiaceae*)
Herkunft: Kulturform, ursprünglich aus Vorderasien
Aussehen: wächst aufrecht buschig und wird bis 1,25 m hoch; fein gefiederte Blätter; gelbe Blüten, in großen schirmförmigen Dolden; eiförmige, flache, geflügelte Samen
Standort: sonnig und windgeschützt; auf lockerem, humosem Gartenboden
Pflege: gleichmäßig feucht halten; die Direktaussaat beginnt ab April, Folgesaaten sind bis August möglich; in Reihen oder breitwürfig säen; sät sich selbst aus
Verwendung: Junge Blätter fortlaufend zupfen, Blüten schneiden, Früchte ernten, wenn sie bräunlich werden; Blätter und Blüten frisch oder getrocknet zum Würzen, z. B. für Salate, Fisch oder Saucen, gut zum Einfrieren geeignet; Früchte und Blütenstände zum Einlegen von Gurken, für Kräuteressig oder als Würze ähnlich wie Anis verwenden; die getrockneten Früchte sind als Tee wirkungsvoll gegen Blähungen

Erntezeit:
April – Mai, Okt. – Nov.
Blütezeit:
Juli – Aug.

Staude

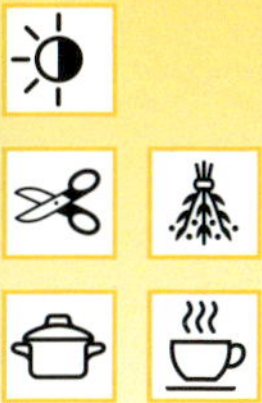

Angelica archangelica

Echte Engelwurz

Familie: Doldenblütler (*Apiaceae*)
Herkunft: Europa, Asien; an Flussufern und auf Wiesen
Aussehen: bis 2,5 m hoch; an den hohlen, gerillten Stängeln stehen große, gefiederte Blätter; bildet grünlich weiße Blüten in großen, halbkugeligen Dolden
Standort: halbschattig; auf feuchten, nährstoffreichen, durchlässigen Böden
Pflege: Werden die Blütenstände entfernt, ist die Pflanze langlebiger. Die Aussaat erfolgt im frühen Herbst. Die Pflanze wird im nächsten Jahr mit mindestens 1 m Abstand versetzt.
Verwendung: Die frischen Blätter und Blattstiele sind in Suppen, Saucen und Salaten schmackhaft. Die Stängel kann man kandieren. Die Wurzel wird im Frühjahr oder Spätherbst ausgegraben, geschnitten und zum Trocknen aufgefädelt. Sie hilft als Tee gegen Magen-Darm-Beschwerden.
Hinweis: Die getrocknete Wurzel sollte dicht verschlossen aufbewahrt werden, da die aromatischen Inhaltsstoffe Schadinsekten anziehen!

Erntezeit:
Juni – Okt.
Blütezeit:
Juni – Sept.

Staude

Anthemis tinctoria

Färberkamille ✿

Anderer Name: Färber-Hundskamille
Familie: Korbblütler (*Asteraceae*)
Herkunft: Europa und Westasien; Trockenrasen, Äcker, Straßenränder
Aussehen: buschig, bis 60 cm hoch; Blätter graugrün, fein gefiedet, farnartig, gekräuselt; Blüte bis 4 cm groß, einzeln, lang gestielt, goldgelb, margeritenartig
Standort: sonnig und warm; auf mageren Böden
Pflege: anspruchslos; im Herbst kräftig zurückschneiden; nach der Blüte teilen; Aussaat (Lichtkeimer)
Verwendung: Es werden Blüten, Blätter und Stängel verwendet. Die frischen Blüten sind eine leckere Garnierung und können in Honig oder Öl eingelegt (gibt schöne Farbe) oder zum „Schönen" Tees beigemengt werden. Die frischen Blätter würzen z. B. Quark und Butter. Die getrockneten Blüten und Stängel eignen sich zum Färben von Wolle und Naturstoffen.
Hinweis: wertvolle Bienenweide; üppig blühende Zierde für naturnahe Gärten und magere Blumenwiesen

Erntezeit:
April – Sept.
Blütezeit:
Mai – Aug.

einjährig

Anthriscus cerefolium ssp. *cerefolium*

Garten-Kerbel ✲

Andere Namen: Suppenkraut, Küchen-Kerbel
Familie: Doldenblütler (*Apiaceae*)
Herkunft: Kulturform
Aussehen: wächst locker buschig und wird 30–60 cm hoch; gerillte Stängel mit weichen, hellgrünen, 3- bis 4-fach gefiederten Blättern, die zart nach Anis duften; weiße Blüten in kurz gestielten, schirmförmigen Dolden
Standort: halbschattig; auf lockeren, mäßig feuchten Böden
Pflege: anspruchslos; bei Trockenheit kräftig gießen; ab Ende März direkt ins Freie säen, Folgesaaten sind bis August möglich; sät sich leicht selbst aus
Verwendung: Die jungen Blätter werden vor Beginn der Blüte geerntet und frisch in Suppen, Saucen, Quark und Salaten gegessen. Frisch sind sie für Frühjahrskuren geeignet. Der Tee wirkt leicht harntreibend.
Hinweis: Kerbelblättchen sollten immer ganz zum Schluss zu den Speisen gegeben und niemals mitgekocht werden. Sie sind leicht mit anderen Doldenblütlern zu verwechseln.

Erntezeit:
Juni – Aug.
Blütezeit:
Mai – Sept.

Staude

Anthyllis vulneraria

Gewöhnlicher Wundklee ✿

Andere Namen: Gelber Klee, Apothekerklee, Tannenklee
Familie: Schmetterlingsblütler (*Fabaceae*)
Herkunft: Europa; sonnige Hänge, Trockenwiesen und Kalkmagerrasen; Pionierpflanze auf Rohböden
Aussehen: bis 35 cm hoch; Stängel meist aufrecht und seidig behaart; Stängelblätter mit oval-lanzettlichen Fiedern, Grundblätter meist einfach; Blüten hellgelb bis orangegelb, in lang gestielten, endständigen Köpfchen mit zottig-filzigem Kelch, der nach der Blüte aufgeblasen ist
Standort: sonnig; auf kalkhaltigen, durchlässigen Böden
Pflege: anspruchslos und frosthart; die Vermehrung erfolgt durch Aussaat oder über Stecklinge
Verwendung: Die Blüten wirken getrocknet als Tee gegen Husten und als Blutreinigungsmittel. Als feuchten Umschlag verwendet man sie bei schlecht heilenden Wunden. Auch bei Entzündungen im Mund- und Rachenraum kann Wundklee helfen. Die frischen Triebspitzen eignen sich gut als Gemüsebeigabe.

Erntezeit:
April – Okt.
Blütezeit:
Juni – Aug.

zweijährig

Apium graveolens var. *secalinum*

Schnittsellerie

Andere Namen: Blattsellerie, Küchensellerie, Suppenkraut
Familie: Doldenblütler (*Apiaceae*)
Herkunft: Kulturform
Aussehen: wächst dicht buschig und wird 30–50 cm hoch; Stängel kantig, stark gerillt; Blätter dunkelgrün, gefiedert; Blüten gelblich weiß, in Dolden, erscheinen im zweiten Jahr
Standort: sonnig bis halbschattig; auf nahrhaften und feuchten Böden
Pflege: feucht halten; organisch düngen mit Kompost oder Kräutersud; den Boden mulchen; Aussaat mit Vorkultur (Lichtkeimer) im März/April oder ab Anfang Mai direkt ins Freiland säen
Verwendung: die zarten Blätter nach Bedarf ernten und frisch, tiefgefroren oder getrocknet verwenden; schmackhafte Würze in Suppen, Eintöpfen, Saucen und Salaten
Hinweis: Schnittsellerie wird einjährig kultiviert. Er bildet im Gegensatz zum Knollensellerie (*A. graveolens* var. *rapaceum*) nur spindelförmige Wurzeln aus.

Erntezeit: *ganzjährig*
Blütezeit: *Juni – Juli*

Staude

Armoracia rusticana

Meerrettich

Andere Namen: Kren, Bauernsenf
Familie: Kreuzblütler (*Brassicaceae*)
Herkunft: Südosteuropa und Westasien; an feuchten Stellen
Aussehen: mit stangenförmiger Hauptwurzel; breitet sich über Wurzelrhizome aus, aus denen neue Triebe sprießen; Grundrosette aus derben, gewellten, bis 1 m langen Blättern; Blüten weiß, lang gestielt, in Trauben, erst im zweiten Jahr
Standort: sonnig oder halbschattig; auf feuchten, tiefgründigen und nahrhaften Böden
Pflege: Übermäßiges Wuchern lässt sich durch Kübelkultur vermeiden. Die dünnen Wurzelableger (Fechser) können ab März gepflanzt werden.
Verwendung: Bei frostfreiem Boden können die Wurzeln ganzjährig geerntet werden. Sie werden geschält, fein geschnitten oder gerieben und roh bzw. eingekocht verwendet. Mit ihrer kräftigen Schärfe passen sie zu gekochtem Fleisch, Fisch, Eiern oder als Brotaufstrich zusammen mit Quark. Mit Honig helfen sie bei Husten und Bronchitis.

Erntezeit:
Juni – Aug.
Blütezeit:
Juni – Aug.

Staude

Arnica chamissonis

Amerikanische Arnika

Anderer Name: Wiesen-Arnika
Familie: Korbblütler (*Asteraceae*)
Herkunft: Nordamerika; auf sauren Moorwiesen
Aussehen: bildet Rhizome; wird bis 60 cm hoch; Blätter oval, in grundständiger Rosette; Blüten gelb, in Korbblüten, die einzeln an langen, blattlosen Stielen stehen
Standort: sonnig; auf feuchten, sauren Humusböden
Pflege: anspruchslos, bei Trockenheit gießen; Vermehrung durch Aussaat oder Teilung
Verwendung: Die voll entfalteten Blüten werden frisch oder getrocknet als Tee, Tinktur, Salbe oder Umschlag eingesetzt. Äußerlich helfen sie bei Zerrungen, Quetschungen, Blutergüssen, Muskelkater und Verstauchungen. Auch bei Sonnenbrand und Insektenstichen und zum Gurgeln bei Entzündungen in Mund und Rachen sind sie wirksam.
Hinweis: Die Amerikanische Arnika ist wesentlich einfacher zu kultivieren als die Echte Arnika (*A. montana*) und nicht so empfindlich gegen winterliche Nässe.

Erntezeit:
Juni – Aug.
Blütezeit:
Juni – Aug.

Staude

Arnica montana

Echte Arnika

Anderer Name: Berg-Wohlverleih
Familie: Korbblütler (*Asteraceae*)
Herkunft: Europa und Westasien; in Gebirgslagen auf mageren, sauren Wiesen und Mooren; selten
Aussehen: bis 60 cm; mit grundständiger Blattrosette und gegenständigen, schmalen Blättern am behaarten Stängel; Blüten gelb, in Korbblüten, einzeln auf langen Stielen
Standort: sonnig; auf durchlässigen, feuchten, humusreichen Moorböden
Pflege: die Kultur ist schwierig und Moorbeeterde nötig; feucht halten und nicht düngen; empfindlich gegen winterliche Nässe ohne schützende Schneedecke; Aussaat oder Teilung
Verwendung: Die Blüten werden als Gesichtsdampfbad gegen unreine Haut oder gemischt mit Weizenkleie als Gesichtsmaske eingesetzt. Ein Ölauszug eignet sich zur Massage. Wie Amerikanische Arnika verwenden.
Hinweis: Es sind allergische Reaktionen möglich. Die Wildsammlung ist nicht erlaubt (Naturschutz!).

Erntezeit:
Mai – Okt.
Blütezeit:
Juli – Okt.

Halbstrauch

Artemisia abrotanum

Eberraute

Anderer Name: Zitronenkraut
Familie: Korbblütler (*Asteraceae*)
Herkunft: wahrscheinlich Südeuropa und Vorderasien
Aussehen: wintergrün; wächst buschig und wird bis 1,5 m hoch; feingliedrige, graugrüne, ca. 5 cm lange Blätter; Blüten in gelben, kugeligen Köpfchen in rispenartigen Blütenständen
Standort: sonnig und geschützt; auf humosen, kalkhaltigen, nicht zu feuchten Böden
Pflege: Winterschutz ist ratsam; kann über Kopfstecklinge oder durch Teilung vermehrt werden
Verwendung: Die aromatischen Blätter und Triebspitzen eignen sich frisch oder getrocknet. Sie schmecken zitronig und leicht bitter. Zum Würzen von Saucen, Fleisch und Salaten sollte man sie sparsam verwenden. Als Kräutersträußchen helfen sie auch gegen Motten und wehren Stechmücken ab. Der Tee wirkt appetitanregend und magenstärkend.
Hinweis: Es gibt zwei Kulturtypen, einer duftet mehr zitronig, der andere mehr nach Kampfer („Cola-Kraut").

Erntezeit:
Juni – Sept.
Blütezeit:
Juni – Sept.

Staude

Artemisia absinthium

Wermut ✿

Andere Namen: Absinth, Wurmkraut
Familie: Korbblütler (*Asteraceae*)
Herkunft: Europa, Asien; steinige, trockene Stellen
Aussehen: wächst dicht buschig und wird bis 1 m hoch; fein gefiederte Blätter, silbergrau behaart; gelbe, kugelige Blütchen in lockeren Rispen; duftet stark moschusartig
Standort: sonnig und warm; auf trockenen, sandigen Böden
Pflege: anspruchslos und winterhart, braucht aber viel Platz und verträgt keine Staunässe; Vermehrung durch Aussaat direkt ins Beet, über Stecklinge oder durch Teilung
Verwendung: Die bitter-aromatischen Blätter und die Triebspitzen werden gepflückt und frisch oder getrocknet verwendet. Sie sind gut zu fettem Fleisch und in Eintöpfen sowie zum Würzen von Wein und Likören. Der Tee hilft bei Appetitlosigkeit, Gallen- und Verdauungsbeschwerden. Ein Absud wird gegen Schadinsekten im Garten eingesetzt.
Hinweis: nicht in der Schwangerschaft anwenden; gut schnittverträglich, kann daher als Hecke um Beete gezogen werden

Erntezeit:
April – Okt.
Blütezeit:
Juli – Sept.

Staude

Artemisia dracunculus

Estragon

Andere Namen: Schlangenkraut, Bertram, Dragon
Familie: Korbblütler (*Asteraceae*)
Herkunft: Asien
Aussehen: wächst breitbuschig und wird bis 1,5 m hoch; Blätter schmal, lanzettlich; Blüten gelbgrün, unscheinbar
Standort: sonnige bis halbschattige, warme und geschützte Plätze mit humusreichem, feuchtem Boden
Pflege: mit Kompost düngen; Winterschutz ist ratsam; Vermehrung durch Aussaat und Teilung
Verwendung: Die Blätter oder Triebspitzen können von Frühling bis Herbst nach Bedarf geerntet und frisch verwendet, getrocknet oder eingefroren werden. Estragon passt zu Salaten, Suppen und Saucen, zum Einlegen von Gurken, in Essig und Öl oder in Senf. Als Tee hilft er bei Appetitlosigkeit.
Arten/Sorten: Es gibt zwei Kulturformen, den feineren Aromatischen (Französischen oder Deutschen) Estragon sowie den derben Russischen (Sibirischen) Estragon, der aber weniger Würzkraft besitzt.

Erntezeit:
Juni – Aug.
Blütezeit:
Juni – Aug.

Staude

Artemisia glacialis

Gletscher-Edelraute

Familie: Korbblütler (*Asteraceae*)
Herkunft: Südwestalpen; in Felsspalten, auf Felsschutt
Aussehen: bis 20 cm hoch, graufilzig behaart, mit Rosetten aus dreiteiligen, seidig behaarten Blättern; Blüten in hellgelben Köpfchen, die in Knäueln auf kurzen Stängeln stehen
Standort: sonnig; auf mageren Böden
Pflege: ungestört wachsen lassen und nicht düngen; Vermehrung über Stecklinge oder Teilung
Verwendung: Das getrocknete, blühende Kraut wirkt als Tee appetitanregend und verdauungsfördernd. Es wird auch für Kräuterschnaps und als Aperitif verwendet und eignet sich für Duftrasen.
Hinweis: Die Pflanze verströmt einen stark aromatischen Geruch. Wildsammlung ist verboten (Naturschutz!), die Pflanze sollte daher über Kräutergärtnereien bezogen werden.
Arten/Sorten: Ähnlich sind die Echte Edelraute (*A. umbelliformis* oder *A. mutellina*) und die Schwarze oder Ährige Edelraute (*A. genipi*) mit dunklem Hautrand an den Hüllblättern.

Erntezeit:
Juni – Sept.
Blütezeit:
Aug. – Okt.

Staude

Artemisia pontica

Pontischer Beifuß

Andere Namen: Römischer Wermut, Silberraute
Familie: Korbblütler (*Asteraceae*)
Herkunft: Südosteuropa; Trockenwaldgebiete
Aussehen: filigran, aufrecht wachsend, bis 40 cm hoch; mit fedrigen, silbergrünen Blättern; winzig kleine, gelbliche Blüten in Rispen; riecht aromatisch
Standort: sonnig und warm; auf trockenen, mageren Böden
Pflege: Da die Pflanze wuchert, ist sie für kleinere Flächen nicht empfehlenswert, sieht aber im Kübel sehr schön aus. Die Vermehrung erfolgt über Stecklinge oder durch Teilung.
Verwendung: Die aromatischen Blätter verwendet man frisch oder getrocknet als Würze für Speisen und Wein. Früher fand sie bei Magen-Darm-Beschwerden medizinische Verwendung. Auch als Duftpflanze für Potpourris und Duftsträuße oder als dekorative, duftende Zierpflanze ist sie beliebt.
Hinweis: Der Pontische Beifuß hat das feinste Wermutaroma aller *Artemisia*-Arten. Er wird vor allem zur Herstellung von Wermutwein verwendet.

Erntezeit:
Mai – Juli
Blütezeit:
Juli – Sept.

Staude

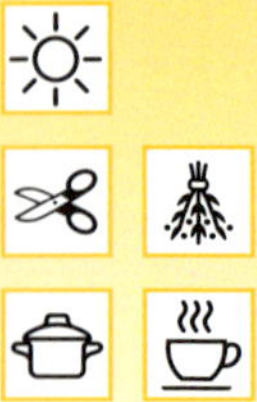

Artemisia vulgaris

Gewöhnlicher Beifuß ✿

Andere Namen: Besen- oder Gänsekraut, Wilder Wermut
Familie: Korbblütler (*Asteraceae*)
Herkunft: Europa, Asien; Wegränder, Geröllhalden
Aussehen: wächst dicht buschig und wird bis 2 m hoch; der stark verzweigte, weich behaarte Stängel ist oft rötlich überlaufen; Blätter gefiedert, Oberseite grün, Unterseite weißlich grau; gelbliche bis bräunlich rötliche, behaarte Blütenköpfchen in Rispen; aromatischer Duft
Standort: sonnig; trockene, durchlässige, sandige Böden
Pflege: anspruchslos; im Frühjahr bis zur Basis zurückschneiden; Vermehrung über Aussaat und Teilung
Verwendung: Verwendet werden die Triebspitzen und die ganzen Zweige mit den noch geschlossenen Blüten. Frisch oder getrocknet sind sie eine leicht bittere Würze zu fetten Speisen wie Schweine- oder Gänsebraten. Der Tee hilft bei Magenverstimmungen.
Hinweis: Beifuß kann zu allergischen Reaktionen führen und sollte nicht in der Schwangerschaft verwendet werden.

Erntezeit:
Mai – Okt.
Blütezeit:
Juli – Sept.

einjährig

Atriplex hortensis

Garten-Melde ✿

Andere Namen: Spanischer Salat, Mellenkohl, Maiflitsch
Familie: Gänsefußgewächse (*Chenopodiaceae*)
Herkunft: Europa, Zentralasien; in Gärten, auf Schuttplätzen, an Hecken und Zäunen, Unkrautfluren
Aussehen: 20–100 cm hoch und buschig; unten mit dreieckigen bis herzförmigen, im oberen Bereich mit spießförmigen Blättern, je nach Sorte grün, gelb oder rot, unterseits bemehlt; Blüten klein und grünlich, rötlich oder bräunlich, in knäueligem, trauben- bis rispenartigem Blütenstand
Standort: sonnig bis halbschattig; auf normalen Böden
Pflege: sehr anspruchslos; Vermehrung durch Aussaat, sät sich leicht selbst aus
Verwendung: Die jungen Blätter können ab Mai geerntet werden. Entweder pflückt man sie von den Stängeln oder schneidet die ganzen Pflanzen ab, sobald sie etwa 20 cm hoch sind. Durch Waschen wird der „Mehlstaub“ entfernt, dann dienen die frischen Blätter als Würze für Salate, Suppen oder Gemüsegerichte. Man kann sie aber auch wie Spinat verarbeiten.

Erntezeit:
ganzjährig
Blütezeit:
März – Okt.

Staude

Bacopa monnieri

Wasserysop

Andere Namen: Kleines Fettblatt, Brahmi, Baby Tears
Familie: Braunwurzgewächse (*Scrophulariaceae*)
Herkunft: Nord- und Mittelamerika, Ostasien; Sumpfgebiete
Aussehen: bis 30 cm hoch, kriechend, Matten bildend; mit hellgrünen, spitzovalen, fleischigen Blättchen; Blüten klein, hellblau oder weiß
Standort: sonnig bis halbschattig; feuchte bis nasse Gartenerde; Gefäßkultur ist empfehlenswert
Pflege: anspruchslos; sehr feucht halten und warm und hell überwintern; Vermehrung über Kopfstecklinge
Verwendung: Die jungen Sprosse werden frisch verwendet. Die Blättchen können roh verzehrt, als Presssaft, alkoholischer Auszug oder als Tee getrunken werden. Sie gelten als Nerventonikum und sollen harntreibend wirken. Wasserysop steht in dem Ruf, ein ayurvedisches „Wunderkraut“ zu sein, das Gedächtnis und Konzentrationsfähigkeit verbessern soll.
Arten/Sorten: Ähnlich ist Lemon-Bacopa (*B. caroliniana*) mit ausgeprägtem Karottenaroma.

Erntezeit:
Okt. – Mai
Blütezeit:
Mai – Juli

zweijährig

Barbarea vulgaris

Gewöhnliches Barbarakraut ✲

Anderer Name: Echte Winterkresse
Familie: Kreuzblütler (*Brassicaceae*)
Herkunft: Europa; an Flussufern auf Kies- und Sandbänken
Aussehen: im ersten Jahr bildet sich eine Rosette aus dicken, gefiederten Blättern, im zweiten Jahr erscheint der bis 80 cm hohe Stängel mit den gezähnten Blättern; Blüten goldgelb, in Trauben
Standort: halbschattig; auf feuchten, lehmigen Böden
Pflege: anspruchslos; Mulchen verhindert Austrocknung; Aussaat im Frühjahr oder Herbst; sät sich gern selbst aus
Verwendung: Nur die Rosettenblätter werden gepflückt. Der Geschmack ist rettich- bis kresseartig und leicht bitter. Frisch sind sie ein vitaminreicher, pikanter Salat. Blanchiert können sie Bouillons beigegeben werden und ergeben ein schmackhaftes Gemüse. Die zerdrückten Samen ergeben in Wein angesetzt ein harntreibendes Mittel.
Hinweis: Der Name beruht darauf, dass man das Kraut mindestens bis zum Barbaratag am 4. Dezember findet.

Erntezeit:
März – Nov.
Blütezeit:
März – Nov.

Staude

Bellis perennis

Gänseblümchen

Anderer Name: Maßliebchen
Familie: Korbblütler (*Asteraceae*)
Herkunft: Europa, Türkei; auf Wiesen, Weiden und Rasen
Aussehen: bis 15 cm hoch; Blätter oval, spatelförmig, sattgrün, in grundständiger Rosette; Korbblüten aus weißen Zungenblüten und gelben Röhrenblüten in der Mitte
Standort: sonnig; auf humosen, leicht feuchten Böden
Pflege: Das Gänseblümchen ist anspruchslos. Wird die Pflanze gut mit Nährstoffen versorgt, wächst sie sehr üppig. Die Vermehrung erfolgt durch Teilung.
Verwendung: Die zarten Blätter und Blüten werden im Frühjahr gesammelt und in Salaten, Quark, Gemüsegerichten oder einfach aufs Butterbrot zur Frühjahrskur gegessen. Die Blütenköpfe eignen sich zum Garnieren. Als Knospen können sie wie Kapern eingelegt werden. Tee aus dem blühenden, getrockneten Kraut gilt als blutreinigend, wirkt appetitanregend und fördert die Funktion von Leber und Galle. Äußerlich hilft das Kraut bei Wunden und Blutungen.

Erntezeit:
ganzjährig
Blütezeit:
Mai – Juli

Staude

Bistorta officinalis ssp. *officinalis*

Wiesen-Knöterich

Andere Namen: Schlangenwurz, Schlangen-Knöterich, Kalbszunge, Natterkraut, *Polygonum bistorta*
Familie: Knöterichgewächse (*Polygonaceae*)
Herkunft: Eurasien; auf nassen Fettwiesen, an Bachufern
Aussehen: bildet kräftige, schlangenförmige Rhizome; aufrecht, unverzweigt, bis 1,2 m hoch; Grund- und Stängelblätter länglich eiförmig; Blüten rosa, in walzenförmigen Ähren
Standort: sonnig bis halbschattig; auf feuchten, nährstoffreichen Böden
Pflege: anspruchslos; vermehrt sich durch Ausläufer
Verwendung: Die jungen Blätter und Stängel sind frisch in Gemüsegerichten schmackhaft. Die frische Wurzel kann man wie Spargel essen. In Form von Tee dient sie als Heilmittel bei Durchfall und als Gurgelmittel bei Mund- und Rachenentzündungen. Umschläge und Teilbäder mit dem Tee beschleunigen die Wundheilung.
Hinweis: Die Blüten sind sehr nektarreich und liefern Bienen und anderen Insekten reiche Nahrung.

Erntezeit:
ab Juni
Blütezeit:
Mai – Sept.

einjährig

Borago officinalis

Borretsch ✿

Andere Namen: Gurkenkraut, Himmelsstern, Herzfreude
Familie: Raublattgewächse (*Boraginaceae*)
Herkunft: Mittelmeerraum, Vorderasien; feuchte Stellen
Aussehen: locker buschig, bis 80 cm hoch; kräftige, rau behaarte und reich verzweigte Stängel; elliptische, behaarte Blätter mit gurkenähnlichem Geruch; Blüten sternförmig, himmelblau bis blaulila, selten weiß oder rosa, in lockeren Ähren
Standort: sonnig; auf feuchten Böden
Pflege: anspruchslos; Vermehrung durch Aussaat, sät sich oft selbst aus
Verwendung: zarte Blätter schmecken fein-säuerlich und gurkenähnlich, ältere, borstige Blätter dagegen streng; zum Trocknen ungeeignet, Konservierung in Essig oder Öl ist möglich; junge Blätter aufs Butterbrot, zu Salaten, Eierspeisen, Quark, als Würze in Spinat oder zu Kohlgemüse; Blüten zur Garnierung von Desserts, Salaten oder Erfrischungsgetränken, zum Kandieren oder Einfrieren in Eiswürfel; Tee aus Blättern und Blüten wirkt herzstärkend und schleimlösend

Erntezeit:
ab April
Blütezeit:
Juli – Okt.

Staude

Borago pygmaea

Zwerg-Borretsch

Andere Namen: *B. laxiflora*, Ausdauernder Borretsch
Familie: Raublattgewächse (*Boraginaceae*)
Herkunft: Europa; auf Äckern, Schuttplätzen, an Hecken und Zäunen, Unkrautfluren
Aussehen: bis 30 cm hoch, niederliegend oder hängend; stark borstige Stängel mit elliptischen, behaarten Blättern; Blüten glockenförmig, hellblau
Standort: halbschattig, auch sonnig; auf humosen, nährstoffreichen Böden
Pflege: den Winter über mit Reisig abdecken oder kühl im Haus überwintern; für Topfkultur geeignet; Vermehrung durch Aussaat, sät sich selbst aus
Verwendung: Die jungen Blätter werden ab April geerntet und nur frisch verwendet. Sie ähneln im Aroma dem einjährigen Borretsch und schmecken gurkenähnlich. Man verwendet sie frisch zu Salaten und aufs Butterbrot, aber auch nur kurz erhitzt für Gemüsegerichte. Die Blüten dienen zum Garnieren von Speisen und Getränken sowie zum Kandieren.

Erntezeit:
Juli – Aug.
Blütezeit:
Juni – Sept.

einjährig

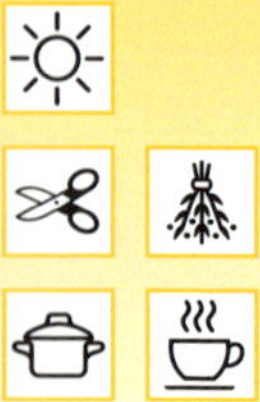

Brassica nigra

Schwarzer Senf ✿

Familie: Kreuzblütler (*Brassicaceae*)
Herkunft: Europa, Nordafrika; an Rainen, Wegen und Schuttplätzen
Aussehen: bis 1,2 m hoch und aufrecht, Stängel im oberen Teil verzweigt; Blätter leicht gelappt, in der Mitte gesägt; goldgelbe Blüten in lockeren Doldentrauben, daraus entwickeln sich lange Schoten mit runden, braunen Samen
Standort: sonnig; auf kalkhaltigen Lehm- oder Sandböden
Pflege: anspruchslos; Aussaat ab Mitte März bis Ende Mai in Reihen (Abstand 25 cm)
Verwendung: Die zarten Blätter werden nach Bedarf geerntet und frisch ähnlich wie Kresse als Würze z. B. zu Quark und Salat verwendet. Die Senfkörner eignen sich getrocknet für Senf und Gewürzmischungen. Senf ist ein altbewährtes Hausmittel bei Rheuma und Gicht (Senfpflaster) sowie bei fiebrigen Katarrhen (Senfwickel).
Hinweis: Senf eignet sich als Gründünger, die Wurzeln lockern den Boden.

Erntezeit:
Juli
Blütezeit:
Juli – Sept.

Staude

Calamintha spec.

Römische Minze ✿

Anderer Name: Würzminze
Familie: Lippenblütler (*Lamiaceae*)
Herkunft: Mittel- und Südeuropa; steinige Hänge
Aussehen: wächst buschig und wird 20–50 cm hoch; Stängel verzweigt, behaart, mit gestielten, fein gekerbten Blättern; rosa bis lila Lippenblüten; Duft nach Pfefferminze oder Melisse
Standort: sonnig bis halbschattig; frische bis trockene Böden
Pflege: anspruchslos; Vermehrung durch Aussaat oder über Stecklinge
Verwendung: Die Stängel mit den Blättern und Blüten werden zu Beginn der Blütezeit geerntet und frisch oder getrocknet zum Würzen von mediterranen Fleisch- und Wildgerichten verwendet. Der Tee hat krampflösende Eigenschaften. Die Pflanze ist auch für Duftblumensträuße geeignet.
Hinweis: *Calamintha* wächst im Gegensatz zur Pfefferminze (*Mentha*) horstig, d. h. sie wuchert nicht.
Arten/Sorten: Ähnlich ist die Echte oder Wald-Bergminze (*C. menthifolia*, auch *C. sylvatica*).

Erntezeit:
Juli
Blütezeit:
Juli – Aug.

Staude

Calamintha grandiflora

Großblütige Bergminze ✿

Andere Namen: Großblütiger Steinquendel, Garten-Bergminze
Familie: Lippenblütler (*Lamiaceae*)
Herkunft: Südeuropa, Nordafrika, Westasien; Wälder, Hecken, Wegränder
Aussehen: aufrecht und buschig, bis 50 cm hoch; Blätter behaart, gezähnt; Blüten rosa, in reichblütigen Büscheln; stark aromatisch duftend
Standort: sonnig bis halbschattig; auf leicht feuchten, humosen Böden
Pflege: anspruchslos, winterhart; Vermehrung über Stecklinge
Verwendung: Die Blätter werden im Juli gesammelt und sind frisch oder getrocknet ein köstliches Teekraut. Früher wurden sie als schweißtreibendes Mittel verwendet. Umschläge mit Blättern sollen rheumatische Schmerzen lindern.
Hinweis: gute Bienenweide
Arten/Sorten: Weißbunte Bergminze (*C. grandiflora* 'Variegata'): weiß-grün panaschierte Blätter; Kleinblütige Bergminze (*C. nepeta* ssp. *nepeta*): ähnlich, Blätter klein, mit Minzduft

Erntezeit:
Juni – Okt.
Blütezeit:
Juni – Okt.

einjährig

Calendula officinalis

Ringelblume ✿

Andere Namen: Goldblume, Sonnwendblume
Familie: Korbblütler (*Asteraceae*)
Herkunft: Mittelmeerraum, Asien; Äcker, Unkrautfluren
Aussehen: bis 70 cm hoch; aufrechter, verzweigter Stängel mit filziger Behaarung; wechselständige, längliche, behaarte Blätter; große, gelbe oder orange Korbblüten
Standort: sonnig bis halbschattig; durchlässige Gartenböden
Pflege: anspruchslos; Verblühtes entfernen; Vermehrung durch Aussaat, sät sich auch selbst aus
Verwendung: Blüten und Blätter zu Salaten; Blütenblätter als Safranersatz zu Fisch- oder Geflügelgerichten; die Blüten dekorieren Salate, Reis oder Süßspeisen; Blütenknospen als falsche Kapern; Tee aus den getrockneten Blüten wirkt blutreinigend und leicht krampflösend; Salbe, Tinktur oder Umschläge eignen sich zur Behandlung von Wunden, Entzündungen, Sonnenbrand und Quetschungen; als Gesichtsdampfbad gegen unreine Haut, als Spülung für glanzlose oder fettige Haare
Hinweis: in der Schwangerschaft nicht innerlich anwenden

Erntezeit:
März – Okt.
Blütezeit:
März – Nov.

zweijährig

Capsella bursa-pastoris

Hirtentäschel

Andere Namen: Taschenkraut, Bauernsenf
Familie: Kreuzblütler (*Brassicaceae*)
Herkunft: weltweit; auf Äckern, an Wegen, auf Wiesen und Mauern
Aussehen: 20–40 cm hoch, aufrecht; die rosettigen Grundblätter sind stumpf gesägt und variabel in der Form, die Stängelblätter sind klein; weiße, vierzählige Blüten in endständiger Traube; markante, herzförmige Kapselfrüchte
Standort: sonnig; keine besonderen Bodenansprüche
Pflege: anspruchslos; Vermehrung durch Aussaat, sät sich auch selbst aus
Verwendung: Im Frühjahr werden Blätter, Blüten und die weichen Triebe, ab Sommer auch das ganze Kraut und die Wurzeln geerntet. Blättchen, Blüten und Früchte sind würzig-scharf, schmecken senfartig und werden frisch zu Salaten und Gemüse gegessen. Die Wurzeln schmecken ingwerartig. Das ganze Kraut kann frisch oder getrocknet als blutreinigender Tee getrunken werden.

Erntezeit:
Aug. – Okt.
Blütezeit:
Juni – Sept.

einjährig, Strauch

Capsicum annuum

Peperoni

Andere Namen: Spanischer Pfeffer, Chili
Familie: Nachtschattengewächse (*Solanaceae*)
Herkunft: tropisches Süd- und Mittelamerika; Regenwälder
Aussehen: je nach Sorte einjährig oder strauchig, bis 1 m hoch, sparrig verzweigt; Blätter elliptisch bis eiförmig; Blüten klein, sternförmig, weiß oder lila; Früchte länglich bis kugelig, grün bis rot, auch violett, gelb, orange oder mehrfarbig
Standort: vollsonnig, geschützt; humusreiche, durchlässige Böden; Gefäßkultur ratsam
Pflege: anspruchslos; kühl und hell überwintern, im Frühjahr zurückschneiden; Vermehrung durch Aussaat
Verwendung: Schoten frisch oder getrocknet, sehr unterschiedlich scharf; zu Fleisch, Suppen, Saucen, zum Marinieren, Einkochen; regen die Verdauung an, äußerlich gegen Rheuma
Hinweis: Insbesondere bei scharfen Sorten unbedingt Handschuhe tragen, nicht die Augen reiben!
Arten/Sorten: Cayennepfeffer (Longum-Gruppe), Gemüsepaprika (Grossum-Gruppe); Tabasco (*C.-frutescens*-Sorten)

Erntezeit:
März – Juni
Blütezeit:
April – Juli

Staude

Cardamine pratensis

Wiesen-Schaumkraut ✿

Andere Namen: Kuckucksblume, Wilde Kresse
Familie: Kreuzblütler (*Brassicaceae*)
Herkunft: Nordhalbkugel; feuchte Wiesen, Auwälder, Gewässerufer
Aussehen: aufrecht, bis 30 cm hoch; mit hohlem, gerilltem Stängel; Grundblätter in einer Rosette, Stängelblätter gefiedert; Blüte weiß bis zartviolett, oft dunkel geädert, in Trugdolden
Standort: halbschattig; auf feuchten, nährstoffreichen Böden
Pflege: anspruchslos; Vermehrung über Aussaat (Lichtkeimer) und durch Teilung
Verwendung: Die jungen Blätter und Knospen haben einen bitter-scharfen Geschmack. Sie werden frisch zu Quark, Suppen oder Salaten gegessen. Getrocknet sind sie eine pfeffrige Würze. Mit Löwenzahn, Sauerampfer und anderen Frühlingskräutern dienen sie als Gemüse oder als Saft zur Frühjahrskur und als Blutreinigungsmittel.
Hinweis: Die Larve der Schaumzikade saugt an den Blättern und hüllt sich in Schaum (Kuckucksspeichel) ein.

Erntezeit: *Juli – Okt.*
Blütezeit: *Juli – Sept.*

einjährig

Carthamus tinctorius

Färberdistel ✿

Andere Namen: Öldistel, Saflor, Falscher Safran, Hong Hua
Familie: Korbblütler (*Asteraceae*)
Herkunft: Westasien, in Europa eingebürgert; Ödland, Felshänge
Aussehen: straff aufrecht, 60–100 cm hoch; Blätter oval, stachelig, geädert; gelbe bis orangerote Einzelblüten in distelartigen Köpfen; weiße, glänzende Früchte
Standort: sonnig, warm und geschützt; auf trockenen, sandigen Böden
Pflege: anspruchslos, nicht düngen und nur bei starker Trockenheit gießen; breitwürfige Aussaat ab Mai direkt ins Freie
Verwendung: Die Blüten und Samenkörner werden frisch oder getrocknet verwendet. Ausgezupfte Blüten dienen als Safranersatz zum Färben von Speisen und Stoffen. Die Samen werden im Müsli gegessen. Die Färberdistel ist eine hübsche Schnitt- und Trockenblume und eignet sich für Dekorationen.
Hinweis: Aus den Samen wird ein sehr wertvolles, mehrfach ungesättigtes Speiseöl (Distelöl) gewonnen.

Erntezeit:
Juni – Okt.
Blütezeit:
Mai – Juli

zweijährig

Carum carvi

Echter Kümmel ✿

Andere Namen: Garbe, Wiesen-Kümmel
Familie: Doldenblütler (*Apiaceae*)
Herkunft: Europa, Nordafrika, Nordamerika; auf Wiesen, Weiden und an Ackerrändern
Aussehen: im ersten Jahr erscheint die Blattrosette, im zweiten Jahr der bis 1,2 m hohe, kantige, verzweigte Stängel; Blätter 2- bis 3-fach gefiedert; Blüte weiß bis zartrosa, in Dolden
Standort: sonnig bis halbschattig; feuchte, tiefgründige Böden
Pflege: anspruchslos; Direktaussaat im April oder Spätsommer (Lichtkeimer)
Verwendung: Im ersten Jahr werden die jungen Blätter und Triebspitzen, im zweiten Jahr die Blüten und reifen Samen geerntet, die Wurzeln ab September. Blätter, Triebe, Blüten und Wurzeln sind frisch gut zu Salaten, Suppen und im Gemüse. Die getrockneten Samen machen Fleischgerichte, Kohl und Bratkartoffeln bekömmlicher. Auch als Brotgewürz ist Kümmel beliebt. Der Tee aus den zerstoßenen Samen hilft bei Blähungen und bei Magen-Darm-Krämpfen.

Erntezeit:
April – Juli
Blütezeit:
Juli – Aug.

Halbstrauch

Cedronella canariensis

Balsamstrauch

Anderer Name: Kanarischer Zitronenstrauch
Familie: Lippenblütler (*Lamiaceae*)
Herkunft: Kanaren, Azoren, Madeira
Aussehen: sehr wüchsig, locker buschig bis sparrig, bis 1 m hoch; die Triebe verholzen am Grund; die dreilappigen, gezähnten Blätter duften balsamisch; rosa bis malvenfarbige Lippenblüten in endständigen, ährenförmigen Blütenständen
Standort: sonnig, geschützt; durchlässiger Boden; Gefäßkultur empfehlenswert
Pflege: nach der Blüte zurückschneiden; in der Wachstumsphase gut wässern; die Pflanze ist frostempfindlich, hell und kühl (5–10 °C) im Haus überwintern; Vermehrung durch Kopfstecklinge
Verwendung: Die Blätter werden vor der Blüte geerntet und frisch oder getrocknet zur Aromatisierung von Kräutertees eingesetzt. Sie wirken erfrischend und kreislaufanregend. Ein Dampfbad befreit die Nebenhöhlen bei Erkältungen. Auch für Potpourris oder Duftsträuße eignet sich der Balsamstrauch.

Erntezeit:
Juni – Okt.
Blütezeit:
Juni – Okt.

einjährig

Centaurea cyanus

Kornblume

Familie: Korbblütler (*Asteraceae*)
Herkunft: Europa, Nordafrika, Asien; Äcker, trockene Plätze
Aussehen: bis 60 cm hoch; aufrechte, dünne, behaarte Stängel, wenig verzweigt, mit graugrünen, lanzettlichen Blättern; Körbchenblüten mit stark zerfransten blauen Einzelblüten
Standort: sonnig bis halbschattig; auf durchlässigen, nährstoffreichen Böden
Pflege: wenig gießen; blüht monatelang, wenn die verwelkten Blüten regelmäßig entfernt werden; Direktaussaat im Frühjahr oder Herbst
Verwendung: Die Blütenblätter der halb geöffneten Blüten werden frisch zu Salat oder als Garnierung verwendet. Sie haben eine leicht harntreibende Wirkung und werden als Magen-Darm-Tee oder als Beigabe zu anderen Tees eingesetzt. Die Pflanze eignet sich als Schnittblume, die trockenen Blütenblätter für Potpourris.
Hinweis: Es gibt diverse Sorten, auch mit andersfarbigen und gefüllten Blüten, die jedoch keine heilkräftige Wirkung zeigen.

Erntezeit:
ganzjährig
Blütezeit:
Juni – Sept.

Staude

Centella asiatica

Asiatisches Sumpfpfennigkraut

Andere Namen: Gotu Kola, Tigerkraut, Indischer Wassernabel
Familie: Doldenblütler (*Apiaceae*)
Herkunft: Südasien; in Sümpfen und auf Reisfeldern
Aussehen: 10–15 cm hoch, kriechend, an den Knoten wurzelnd; leuchtend grüne, nierenförmige Blätter; Blüten sehr klein, kräftig rosa, in doldenförmigen Köpfchen
Standort: halbschattig und ganzjährig warm; Gefäßkultur ist ratsam, braucht nährstoffreiches Substrat
Pflege: jährlich umtopfen, viel gießen; im Winter hell und warm stellen, oft übersprühen; Vermehrung über Stecklinge, Ausläufer oder durch Teilung (im Sommer)
Verwendung: Die jungen Blätter werden frisch oder getrocknet zu Gemüse oder in Salaten gegessen. Für Heilzwecke verwendet man die älteren Blätter, sie wirken hautpflegend und wundheilend. Der Tee wirkt harntreibend, ist entspannend bei Stress und gut zur Gedächtnisstärkung.
Hinweis: wichtiges Ayurveda-Mittel; sollte nicht in der Schwangerschaft angewendet werden

Erntezeit:
Juli – Okt.
Blütezeit:
Juli – Okt.

Staude

Chamaemelum nobile

Römische Kamille

Familie: Korbblütler (*Asteraceae*)
Herkunft: Süd- und Westeuropa, Nordafrika; Gebüsche, Grasfluren
Aussehen: dicht buschig, niederliegend, teppichbildend, bis 30 cm hoch; Blätter gefiedert; Blüte silberweiß mit gelber Mitte, auf langen Stielen
Standort: sonnig; auf lockeren, nährstoffreichen Böden
Pflege: Rückschnitt nach der Blüte; Aussaat mit Vorkultur; im Herbst und Frühjahr teilen
Verwendung: Die voll geöffneten Blüten eignen sich frisch oder getrocknet als Tee bei Schlaflosigkeit oder als Umschlag zur Wundheilung. Ein Gesichtsdampfbad pflegt die Haut. Als Spülung sind die Blüten für helles Haar besonders geeignet. Auch in Potpourris und Duftsträußen finden sie Verwendung.
Hinweis: nicht in der Schwangerschaft anwenden; das Schnittgut zum Kompost geben, um die Rotte zu fördern
Arten/Sorten: Die Teppichkamille 'Treneague' blüht nicht, eignet sich aber für Duftrasen.

Erntezeit:
April – Okt.
Blütezeit:
Juni – Aug.

einjährig

Chenopodium bonus-henricus

Guter Heinrich ✲

Andere Namen: Großer Gänsefuß, Wilder Mehlspinat
Familie: Gänsefußgewächse (*Chenopodiaceae*)
Herkunft: Europa; auf Äckern, Schuttplätzen, an Hecken und Zäunen, Unkrautfluren
Aussehen: bis 60 cm hoch, buschig, aufrecht; mit kantigen Stängeln und dreieckigen bis spießförmigen, dunkelgrünen und grau bemehlten Blättern; Blüten unscheinbar, grünlich, in endständigem, ährenartigem Blütenstand
Standort: sonnig bis halbschattig; auf leichten bis mittelschweren, nährstoffreichen Böden
Pflege: sehr anspruchslos; Vermehrung durch Aussaat, versamt sich selbst
Verwendung: Die jungen Blätter, Stängel (junge Sprosse) und noch ungeöffneten Blütenstände werden ab April geerntet und nur frisch verwendet. Blätter und Blüten sind reich an Eisen, Vitamin A und anderen Vitaminen, schmecken mild würzig und verfeinern Gemüse, Suppen und Salate. Die Stängel können ähnlich wie Spargel zubereitet werden.

Erntezeit:
Juli – Okt.
Blütezeit:
Juli – Sept.

Staude

Cichorium intybus var. *intybus*

Gewöhnliche Wegwarte ✿

Andere Namen: Verzauberte Jungfrau, Zichorie
Familie: Korbblütler (*Asteraceae*)
Herkunft: Europa; auf Weideflächen, an Wegrändern
Aussehen: wächst aufrecht und wird bis 1,5 m hoch; Rosettenblätter löwenzahnähnlich, Stängelblätter lanzettlich; Blüten in blauen, auch rosa, violetten oder weißen Körbchen
Standort: sonnig; kalkhaltige, lehmige, trockene Böden
Pflege: anspruchslos, nicht düngen; Samen im Spätsommer 3-4 cm tief aussäen; kann auch durch Teilung der Wurzel vermehrt werden
Verwendung: Die jungen Grundblätter werden nur vor Blühbeginn frisch als Gemüse und für Salate verwendet. Die Blüten sind schön als Garnierung und eignen sich zum Kandieren. Die Wurzel wird im Spätherbst ausgegraben und geröstet als Kaffeeersatz getrunken. Sie dient auch als bitteres Magenmittel bei Appetitlosigkeit.
Hinweis: Die Pflanze enthält einen bitteren Milchsaft und ist verwandt mit Chicorée und Radicchio.

Erntezeit:
ganzjährig
Blütezeit:
ganzjährig

Strauch

Citrus hystrix

Zitronenblatt

Andere Namen: Kaffir-Limette, Kaffern-Zitrone
Familie: Rautengewächse (*Rutaceae*)
Herkunft: Südostasien
Aussehen: bis 30 cm hoher Strauch mit dünnen Zweigen, stark bedornt; Blätter glänzend grün, ledrig, mit breiten Blattstielflügeln, wirken dadurch wie zwei zusammengewachsene Blätter; Blüten weiß, sternförmig
Standort: sonnig und warm; humose, saure, nährstoffreiche Substrate, am besten spezielle Erde für Zitrusgewächse
Pflege: Kultur nur im Gefäß; mäßig feucht halten; von April bis August alle 2 Wochen schwach düngen; hell bei 10 °C im Haus überwintern; Vermehrung durch Stecklinge oder Samen ist möglich, aber schwierig
Verwendung: frische Blätter ähnlich wie Lorbeer zu Currys, Suppen, Saucen und Pfannengerichten; gut in Kombination mit Chilies, Knoblauch und Ingwer
Hinweis: Pflanzen in Kübelkultur tragen nur sehr selten einmal Früchte.

Erntezeit:
Juni – Juli
Blütezeit:
Juni – Sept.

einjährig

Cnicus benedictus

Benediktenkraut ✿

Andere Namen: Bitterdistel, Kardobenediktenkraut
Familie: Korbblütler (*Asteraceae*)
Herkunft: Mittelmeergebiet, Vorderasien, südliches Nordamerika; Öd- und Schuttplätze, Ackerränder
Aussehen: bis 50 cm hoch, mit Pfahlwurzel, distelartig; Stängel steif, behaart; Blätter länglich, bedornt, schrotsägezähnig bis fiederspaltig; gelbe Blütenköpfchen mit braunen, stacheligen Hüllblättern
Standort: sonnig; auf trockenen, sandigen Böden
Pflege: anspruchslos, nicht düngen; direkt aussäen
Verwendung: Die Blätter und die Zweigspitzen mit den Blütenköpfchen werden getrocknet und in Teemischungen als Bittermittel zur Anregung der Verdauung, als Magentonikum, in Kräuterlikören und für Umschläge bei schlecht heilenden Wunden eingesetzt.
Hinweis: Bei Überdosierung kann es zu Übelkeit und Erbrechen kommen. Nicht anwenden bei Magen- und Darmgeschwüren!

Erntezeit:
ganzjährig
Blütezeit:
Mai – Juni

Staude

Cochlearia officinalis

Löffelkraut ✲

Andere Namen: Löffelkresse, Skorbutkraut, Scharbocksheil
Familie: Kreuzblütler (*Brassicaceae*)
Herkunft: Nordeuropa; Küstenregionen
Aussehen: bis 30 cm hoch; wintergrün, obere Blätter sitzend, leicht stängelumfassend, untere Blätter lang gestielt, in Rosetten; Blüten weiß, in Trauben, duftend
Standort: sonnig bis halbschattig; auf leicht feuchten Böden
Pflege: anspruchslos; wird zweijährig gezogen; bei Trockenheit gießen; Direktsaat im Frühjahr oder Herbst, in Reihen mit 20 cm Abstand
Verwendung: Die frischen Blätter schmecken kresseartig und würzen Salate, Suppen, Saucen, Quark- und Eierspeisen. Auch als Gemüse oder aufs Butterbrot werden sie gegessen. Die Blätter eignen sich zur Frühjahrskur. Der Presssaft regt den Stoffwechsel an. Ein Kaltwasserauszug, bei dem die Blätter etwa 12 Stunden im kalten Wasser ziehen, dient vorbeugend gegen Parodontose und wird entweder als Spülung oder zum Gurgeln verwendet.

Erntezeit:
April – Aug.
Blütezeit:
Juni – Juli

einjährig

Coriandrum sativum

Koriander

Andere Namen: Cilantro, Wanzenkraut
Familie: Doldenblütler (*Apiaceae*)
Herkunft: Südeuropa, Vorderasien; auf Ödland
Aussehen: aufrecht, bis 70 cm hoch; Stängel gerillt; untere Blätter dreilappig, obere fein gefiedert; Blüten weiß bis rosa, in Dolden; Früchte rundlich, gerippt
Standort: sonnig; auf gut durchlässigen Gartenböden
Pflege: anspruchslos, stützen; Direktaussaat im Spätfrühling
Verwendung: Die Blätter und Blüten werden frisch, die Früchte getrocknet verwendet. Die aromatischen Blätter und die würzig-süß duftenden Früchte dienen als Gewürz, z. B. zum Einmachen von Kürbis und Gurken. Als Lebkuchengewürz sind sie unverzichtbar. Auch in Saucen und Marinaden schmecken sie gut. Die reifen Samen verwendet man für Potpourris. Als Tee wirken sie verdauungsfördernd und helfen angeblich gegen Mundgeruch, z. B. nach Knoblauchgenuss.
Hinweis: Die grünen Blätter sind ein Hauptbestandteil von indischen Currys.

Erntezeit:
April – Okt.
Blütezeit:
Juni – Aug.

Strauch

Coridothymus capitatus

Zatar Corido

Andere Namen: Coridothymian, Winterthymian, Kretischer Thymian, Kopfiger Thymian, *Thymus capitatus*
Familie: Lippenblütler (*Lamiaceae*)
Herkunft: Südeuropa; Zwergstrauchgebüsche
Aussehen: bis 30 cm hoch; dicht buschiger Zwergstrauch mit drahtigen Zweigen; immergrüne, nadelförmige Blättchen; fliederfarbene Blüten in dichten Büscheln an den Triebspitzen
Standort: sonnig, warm, geschützt; durchlässiger, sandiger, magerer und trockener Boden; auch für Topfkultur geeignet
Pflege: Winterschutz ratsam; Vermehrung durch Stecklinge
Verwendung: Blätter oder Triebspitzen frisch oder getrocknet; mit würzig-strengem Geschmack als Würze für Gemüse, Lamm, Wild, Fisch, zum Aromatisieren von Ölen; Blüten zur Garnierung; ähnlich heilkräftig wie Arznei-Thymian, wirksam als Tee gegen Husten und Verdauungsbeschwerden
Hinweis: Unter Zatar versteht man neben Thymian auch Oregano, Majoran oder Bohnenkraut. Zatar ist auch der Name einer Gewürzmischung, die solche Kräuter enthält.

Erntezeit:
Sept. – Nov.
Blütezeit:
Sept. – Nov.

Knollenpflanze

Crocus sativus

Safran-Krokus ✿

Familie: Schwertliliengewächse (*Iridaceae*)
Herkunft: Kulturform
Aussehen: bis 10 cm hoch und aufrecht; mit schmalen, linealischen Blättern mit hellem Mittelstreifen; Blüte violett, trichterförmig, mit langen Griffeln und orangeroten Narben, die in 3 Äste geteilt sind
Standort: sonnig bis halbschattig; durchlässige Gartenböden
Pflege: anspruchslos; Blätter nach der Blüte stehen lassen; kann über Brutknollen oder Aussaat vermehrt werden
Verwendung: Die aromatischen, gelben bis dunkelroten Narbenschenkel werden aus den Blüten gezupft und getrocknet. Sie färben Speisen intensiv goldgelb und würzen z. B. Paella oder Risottos aromatisch herb. Früher wurde Safran auch als Beruhigungsmittel bei Krämpfen verwendet.
Hinweis: Für 1 kg Safran werden 150 000 Krokusblüten verarbeitet. Safran, vor allem gemahlener, wurde oft mit Blüten der Ringelblume (*Calendula officinalis*) oder Färberdistel (*Carthamus tinctorius*) gestreckt. Er ist in hohen Dosen giftig.

Erntezeit:
März – Okt.
Blütezeit:
Mai – Juli

Staude

Cryptotaenia japonica

Japanische Petersilie

Andere Namen: Mitsuba, Japanischer Geißfuß, Japanischer Kerbel
Familie: Doldenblütler (*Apiaceae*)
Herkunft: Asien; feuchte Stellen
Aussehen: bis 50 cm hoch, aufrecht, buschig; hellgrüne, pastinakenähnliche, dreiteilige Blätter; unscheinbare, weiße Blüten
Standort: halbschattig; auf frischen bis feuchten Böden; Gefäßkultur ist möglich
Pflege: regelmäßig gießen; bei Überwinterung im Freien mit Reisig abdecken; Aussaat von Mai bis August
Verwendung: Die Blätter werden samt Stängel bis zur Blüte gesammelt und frisch oder angedünstet in Suppen, Saucen oder in Salaten verzehrt. Die im Herbst geernteten Wurzeln schmecken gegart als Gemüse oder in Salaten. Sie sind Bestandteil asiatischer Gerichte.
Hinweis: Das Aroma der Blätter und Stängel ähnelt eher dem Sellerie (*Apium graveolens*) oder der Engelwurz (*Angelica archangelica*) als der Petersilie (*Petroselinum crispum*).

Erntezeit:
Okt. – Nov.
Blütezeit:
Juli – Okt.

Staude

Curcuma longa

Gelbwurz

Andere Namen: Kurkuma, Indischer Safran
Familie: Ingwergewächse (*Zingiberaceae*)
Herkunft: Indien, Südostasien; tropische Regionen
Aussehen: bis 1 m hoch; mit knollig verdicktem, fingerartig verzweigtem, rundlichem Wurzelstock mit gelbbrauner Rinde, innen leuchtend orangegelb; aufrechte, schilfähnliche Scheinstämme; bis 1 m lange Blätter; weiße bis hellgelbe Blüten in etwa handlanger, zapfenartiger Ähre
Standort: halbschattig, warm und geschützt; lockeres Substrat
Pflege: Gefäßkultur; hell oder dunkel bei 10–15 °C überwintern, dabei fast trocken halten; im Frühjahr umtopfen; Vermehrung durch Teilung des Wurzelstocks
Verwendung: Geerntet wird im Herbst der Wurzelstock. Frisch oder getrocknet verfeinert sein herb-harziges, leicht scharfes Aroma asiatische Gerichte. Für Currys ist er unverzichtbar. Als Heilpflanze des Ayurveda und der Traditionellen Chinesischen Medizin (TCM) unterstützt er vor allem die Gallenfunktion. Er ist auch zum Färben von Stoff geeignet.

Erntezeit:
ganzjährig
Blütezeit:
Okt. – Dez.

Staude

Cymbopogon citratus

Zitronengras

Familie: Süßgrasgewächse (*Poaceae*)
Herkunft: wahrscheinlich Ostindien; tropische Regionen
Aussehen: bis 2 m hoch, horstbildend; robuste, rohrähnliche Stängel; graugrüne, linealische, raue, immergrüne Blätter, die nach Zitrone duften; Blüte grünlich mit rötlichem Schimmer, in nickenden Dolden (kommt nur selten zur Blüte)
Standort: sonnig und warm; Gefäßkultur in humosem, durchlässigem Substrat
Pflege: frostempfindlich, hell und zimmerwarm oder kühl bei 10 °C überwintern, dabei nur sparsam gießen; Vermehrung durch Teilung
Verwendung: frische oder getrocknete Blätter zu Geflügel, Fisch, Meeresfrüchten, Fleischgerichten, Saucen und Marinaden; zarte Stängel in Salate schneiden; der Tee erfrischt, entspannt Magen und Darm, hilft gegen Blähungen und beruhigt; das ätherische Öl wirkt antiseptisch und desodorierend; als entspannender Badezusatz geeignet; für Potpourris
Hinweis: typisches Gewürz der asiatischen Küche

Erntezeit:
Mai – Okt.
Blütezeit:
Mai – Okt.

zweijährig

Diplotaxis muralis

Italienische Rauke ✿

Andere Namen: Wilde Rauke, Mauer-Doppelsame, Mauersenf, Acker-Doppelrauke
Familie: Kreuzblütler (*Brassicaceae*)
Herkunft: Süd- und Mitteleuropa, Nordafrika; Weg- und Feldränder, Schuttplätze, Mauern
Aussehen: raschwüchsig, bis 40 cm hoch, buschig; mit Rosetten aus schmalen, buchtig gezähnten bis fiederspaltigen Blättern; gelbe Blütchen in Trauben; schlanke Fruchtschoten
Standort: sonnig bis halbschattig, bevorzugt warme Stellen; auf humus- und nährstoffreichen Böden
Pflege: anspruchslos; Vermehrung durch Aussaat, kann von April bis September laufend gesät werden, versamt sich selbst
Verwendung: Die jungen Blätter schneidet man laufend ab, sie schmecken wesentlich intensiver als die der eigentlichen Rauke (*Eruca sativa*). Man verwendet sie als Salatzutat, für Pesto oder zu Pizza, ebenso zum Würzen von Quark- oder Gemüsegerichten. Auch die Blüten und Früchte sind essbar.
Arten/Sorten: Ähnlich ist die Wilde Rauke (*D. tenuifolia*).

Erntezeit:
Juni – Okt.
Blütezeit:
Juni – Sept.

einjährig

Dracocephalum moldavicum

Türkischer Drachenkopf

Andere Namen: Moldavische Melisse, Moldauischer Drachenkopf, Türkische Melisse
Familie: Lippenblütler (*Lamiaceae*)
Herkunft: Osteuropa, Zentralasien, Sibirien
Aussehen: aufrecht, bis 60 cm hoch; vierkantiger, verzweigter Stängel; Blätter gesägt, kreuzgegenständig; Blüten leuchtend blauviolett bis purpurrot, zweilippig, in endständigen Wirteln
Standort: sonnig und geschützt; auf nährstoffreichen Böden
Pflege: wächst sehr rasch; frosthart; gut für Gefäßkultur geeignet; Vermehrung durch Teilung, Direktaussaat von April bis Mai, sät sich selbst aus
Verwendung: Die Blätter werden nach Bedarf geerntet und bevorzugt frisch verwendet. Als Tee entfalten sie ein mild-zitroniges Aroma. Fein gehackt passen sie als Würzkraut zu Salaten und Obstsalaten. Die Pflanze ist sehr dekorativ im Staudenbeet und in Balkonkästen.
Hinweis: Die Pflanze duftet aromatisch nach Zitrone und ist eine gute Bienenweide.

Erntezeit:
Juli – Sept.
Blütezeit:
Juli – Sept.

Staude

Echinacea angustifolia

Schmalblättriger Scheinsonnenhut ✿

Andere Namen: Amerikanischer Sonnenhut, Igelkopf
Familie: Korbblütler (*Asteraceae*)
Herkunft: südwestliches Nordamerika; Grasfluren
Aussehen: aufrecht, bis 1,2 m hoch; dünner, borstiger Stängel mit lanzettlichen, ganzrandigen Blättern; große Blütenkörbchen mit kegelförmigem Blütenboden und langen, purpurroten Zungenblüten
Standort: sonnig; fruchtbare, sehr gut durchlässige Böden
Pflege: im Frühjahr mulchen; durch Teilung vermehren
Verwendung: Die Wurzeln werden im Frühjahr oder Herbst ausgegraben, gereinigt und getrocknet. Die Blütenblätter der voll erblühten Pflanzen eignen sich zur Garnierung. Ein Auszug oder Tee aus den Wurzeln, aber auch aus dem frischen bzw. getrockneten Kraut unterstützt die Abwehrkräfte bei Erkältungskrankheiten. Auch als Zierpflanze und Schnittblume eignet sich der Sonnenhut sehr gut.
Arten/Sorten: Ähnlich ist der Rote Schein- oder Purpursonnenhut (*E. purpurea*).

Erntezeit:
Okt. – Dez.
Blütezeit:
Jan. – Mai

Staude

Elettaria cardamomum

Malabar-Kardamom

Anderer Name: Blatt-Kardamom
Familie: Ingwergewächse (*Zingiberaceae*)
Herkunft: Ghat-Gebirge in Südwestindien
Aussehen: aufrecht, bis 3 m hoch, bildet Rhizome; Blätter immergrün, lanzettlich, unterseits seidig; weiß-violett gestreifte Lippenblüten in Rispen aus der Basis; Frucht eine grüne dreikantige Kapsel mit schwarzen Samen
Standort: halbschattig, feuchtwarm; nährstoffreicher Boden; Gefäßkultur ist ratsam
Pflege: von Frühjahr bis Herbst mit Algen- oder Beinwellextrakt düngen; im Frühjahr teilen
Verwendung: Die Blätter werden frisch, die Samen und Fruchthülsen entweder grün oder getrocknet verwendet. Kardamom ist Bestandteil von Currys und schmeckt gut in Süßspeisen, Gebäck und Kompott, Suppen und Saucen, Fisch- und Fleischgerichten. Kardamom wirkt verdauungsfördernd.
Hinweis: Die Pflanze duftet nach Zitrone, bei Berührung auch nach Zimt. Sie verfeinert das Kaffeearoma.

Erntezeit:
April – Aug.
Blütezeit:
Aug. – Sept.

Strauch

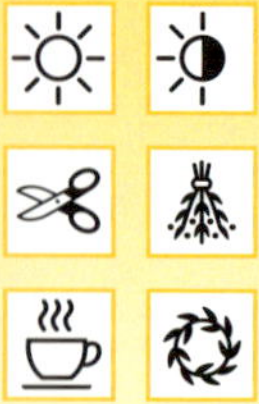

Elsholtzia stauntonii

Chinesische Kammminze

Andere Namen: Chinesischer Gewürzstrauch, Elsholtzie
Familie: Lippenblütler (*Lamiaceae*)
Herkunft: Nordchina; Berghänge, Böschungen
Aussehen: bis 1,5 m hoher, locker buschiger Halbstrauch, der an Salbei erinnert; mit schmalen, dunkelgrünen, drüsig punktierten Blättern, die sich im Herbst leuchtend rot färben; Lippenblüten klein, purpurrosa, in langen Kerzen
Standort: sonnig bis halbschattig; normaler, lockerer Boden
Pflege: Winterschutz ratsam; Vermehrung durch Stecklinge
Verwendung: Blätter mit kräftigem, minzeartigem Aroma, frisch vor der Blüte pflücken; für die asiatische Küche, zu Fisch, Geflügel, Eier- und Gemüsegerichten, besonders zu Hülsenfrüchten; für Teemischungen; schöne Zierpflanze für Beete, die Blütenstiele sind in der Vase lange haltbar; gute Bienenweide
Arten/Sorten: Vietnamesische Melisse, Kammminze oder „Rau kinh gioi“ (*E. ciliata*): einjährig, Blätter mit Aroma nach Zitrone, Kampfer und Minze, verleihen vielen Speisen eine frische Würze, gut zu Gurken- und Blattsalat

Erntezeit:
April – Sept.
Blütezeit:
Juli – Aug.

Staude

Epilobium angustifolium

Schmalblättriges Weidenröschen ✿

Andere Namen: Feuerbrand, Muttergotteshaar, Trümmerblümchen
Familie: Nachtkerzengewächse (*Onagraceae*)
Herkunft: Europa, Asien, Nordamerika; Waldlichtungen, Kahlschläge, Gebüsche, Ödland und Schuttplätze
Aussehen: bis 1,5 m hoch; aufrechte, kantige, rot überlaufene Stängel; Blätter schmal lanzettlich, unterseits blaugrün; Blüten rosa bis purpurrot in aufrechten Trauben; Kapselfrüchte, Samen mit silberwolligem Haarschopf
Standort: sonnig bis halbschattig; auf humosen Böden
Pflege: anspruchslos; Vermehrung durch Aussaat
Verwendung: junge Blätter mit pfeffriger Note, im Frühjahr und Frühsommer ernten, roh oder kurz gedünstet zu Salaten oder Gemüse; Wurzeln schmecken ähnlich wie Spargel, im Frühjahr frisch zu Gemüse essen; die süßlichen Blüten eignen sich zur Garnierung, für Süßspeisen und Gebäck; das blühende Kraut als Tee gegen Prostataleiden und bei Blasenentzündungen; die Fruchtstände und Samen für florale Dekorationen

Erntezeit:
Mai – Aug.
Blütezeit:
März – April

Staude

Equisetum arvense

Acker-Schachtelhalm ✿

Familie: Schachtelhalmgewächse (*Equisetaceae*)
Herkunft: Nordhalbkugel; auf Ackerland, an Wiesenrändern und auf Ödland
Aussehen: im Frühjahr erscheinen gelbbraune Sprosse mit kolbenartiger Sporenähre an der Spitze; im Sommer steril, grün, gefurcht, quirlig verzweigt
Standort: sonnig; auf feuchten, lehmigen Böden
Pflege: oft gießen; frosthart; die Vermehrung erfolgt durch Teilung
Verwendung: Die gelblichen Sporenähren werden im Frühjahr gesammelt und frisch in Öl gebraten (auch im Omelett). Die grünen Sprosse werden im Frühsommer geerntet und getrocknet und sind Bestandteile von Husten-, Rheuma-, Blasen- und Nierentees. Der Sud aus dem grünen Kraut hilft gegen Pilzbefall an Pflanzen (Rost, Mehltau). Das Kraut lässt sich zur Reinigung von Zinngeschirr benutzen.
Hinweis: Nur bei genauer Kenntnis selbst sammeln! Der ähnliche Sumpf-Schachtelhalm (*E. palustre*) ist giftig.

Erntezeit:
Mai – Okt.
Blütezeit:
Mai – Sept.

zweijährig

Eruca sativa

Rucola ✿

Andere Namen: Rauke, Salat-Rauke
Familie: Kreuzblütler (*Brassicaceae*)
Herkunft: Mittel- und Südeuropa
Aussehen: raschwüchsig, buschig, bis etwa 20 cm hoch; rundliche Blattrosetten mit leicht gewelltem Rand; Blüten klein, weißlich oder gelblich; Samen in länglichen Schoten
Standort: sonnig bis halbschattig; humusreiche, feuchte Böden
Pflege: anspruchslos; bei Trockenheit gießen; Anbau im Freiland, unter Folie oder im Gewächshaus, auch als Balkongemüse; Aussaat von April bis September, sät sich selbst aus
Verwendung: junge Blätter schmecken scharf-aromatisch und kresseähnlich, ältere bitter; zu Salaten, Quark, zu Saucen, Pasta-Gerichten, auf Pizza, zu Risotto und vielen anderen Speisen, als Vorspeise zusammen mit grob geriebenem Parmesan, Olivenöl und Balsamico-Essig; die ölhaltigen Samen werden ähnlich wie Senfsaat als Gewürz verwendet
Arten/Sorten: Die Wilde Rauke (*E. vesicaria*) hat gezackte Blätter und ist schärfer.

Erntezeit:
April – Juli
Blütezeit:
Juli – Aug.

Staude

Eryngium foetidum

Mexikanischer Koriander

Andere Namen: Culantro, Culentro, Langer oder Wilder Koriander
Familie: Doldenblütler (*Apiaceae*)
Herkunft: Tropisches Amerika, Karibik; Wälder, Wegränder
Aussehen: bis 50 cm hoch; Rosetten aus dunkelgrünen, verkehrt ei- bis spatelförmigen Blättern mit gezähntem Blattrand, ähnlich Koriander; Blüten grüngelb, in kopfigen Blütenständen
Standort: halbschattig; auf feuchten Böden
Pflege: feucht halten; Gefäßkultur ist ratsam; warm und hell überwintern; bildet Tochterpflanzen
Verwendung: Die Blätter schmecken ähnlich wie Koriander und werden frisch oder getrocknet Gerichten mit Kokosmilch und Saucen (Salsas) beigegeben – ein Blatt reicht aus, um ein ganzes Gericht zu würzen. Man kann das zerkleinerte Blatt auch vor dem Servieren über Suppen und Nudelgerichte streuen. Der Tee hilft bei Magenschmerzen. Die Pflanze gilt zudem als Aphrodisiakum.
Hinweis: einzige Korianderart, die sich zum Trocknen eignet

Erntezeit:
Juli – Okt.
Blütezeit:
Sept. – Okt.

Baum

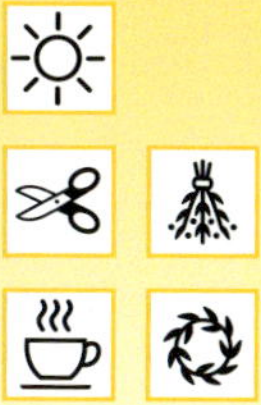

Eucalyptus globulus

Eukalyptus

Anderer Name: Blaugummibaum
Familie: Myrtengewächse (*Myrtaceae*)
Herkunft: Australien; Trockenwälder
Aussehen: in Kultur etwa bis 2 m hoher, schlanker Baum mit grauer Rinde; Blätter immergrün, silbergrau bereift, unterseits blaugrün, ledrig, stark duftend, jung eiförmig und gegenständig, später länglich, sichelartig und wechselständig; weißliche bis rötliche, quastenartige Blütenstände
Standort: sonnig, warm und geschützt; lockeres Substrat
Pflege: Kübelkultur; sehr reichlich mit kalkfreiem Wasser gießen; sparsam düngen; hell bei rund 10 °C überwintern; Vermehrung durch Aussaat
Verwendung: Die Blätter wirken frisch oder getrocknet als Tee oder als Dampfbad zum Inhalieren bei Erkältungskrankheiten wie Husten und Bronchitis und bei Asthma. Auch für Potpourris und Duftsträuße eignen sie sich.
Arten/Sorten: *E. citriodora* mit Zitronenaroma, *E. radiata* mit Pfefferminzaroma

Erntezeit:
April – Okt.
Blütezeit:
Juni – Aug.

Staude

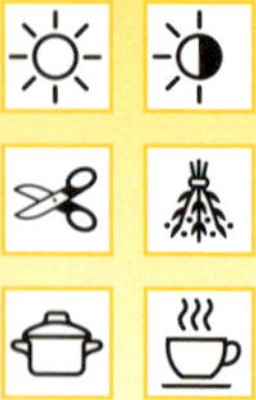

Filipendula ulmaria

Echtes Mädesüß ✿

Anderer Name: Große Spierstaude
Familie: Rosengewächse (*Rosaceae*)
Herkunft: Europa; feuchte Wiesen, an Bachufern
Aussehen: buschig, bis 1,5 m hoch; gefiederte, am Rand gesägte Blätter mit ausgeprägten Blattadern; Blüten cremeweiß, in rispenartigen Trugdolden, mit Mandel-Honig-Duft
Standort: sonnig bis halbschattig; feuchte bis nasse Böden
Pflege: nach der Blüte zurückschneiden; winterhart; die Aussaat erfolgt im Frühjahr, ältere Pflanzen können im Frühjahr geteilt werden
Verwendung: Die jungen Blätter und Blüten verwendet man frisch oder getrocknet. Die Blätter ergänzen Salate und Suppen, die Blüten eignen sich für Marmeladen, Desserts, zur Garnierung, für Kräuterwein, Limonade (wie Holunderblüten) und für Potpourris. Der Tee ist mild, beruhigend und wirkt schmerzlindernd bei Rheuma und Gicht.
Hinweis: Aus den Stängeln wurde 1838 erstmals die Salicylsäure isoliert. Mädesüß gilt als „pflanzliches Aspirin".

Erntezeit:
Juli – Aug.
Blütezeit:
Juli – Okt.

Staude

Foeniculum vulgare var. *dulce*

Gewürzfenchel

Anderer Name: Römischer Fenchel
Familie: Doldenblütler (*Apiaceae*)
Herkunft: Kulturform
Aussehen: wächst buschig und wird bis 2 m hoch; gerillte, bläulich überlaufene, verzweigte Stängel mit fein gefiederten Blättern; Blüten gelb, in Doppeldolden; Früchte braun, gerippt; süßlich würziger Geruch
Standort: sonnig; nährstoffreiche, kalkhaltige, feuchte Böden
Pflege: In rauen Gegenden ist Winterschutz erforderlich. Die Aussaat erfolgt im Frühling.
Verwendung: Die Blätter passen zu Salaten, Fisch und Saucen. Die Dolden mit den reifen Samen werden im September/Oktober geschnitten und zum Trocknen aufgehängt. Die Früchte passen gut zu Brot und Suppen. Der Tee aus den Früchten wirkt krampflösend und lindert Blähungen. Mit Honig gesüßt hilft er bei Husten und fördert den Milchfluss in der Stillzeit. Auch als Gesichtsdampfbad und als Badezusatz zur Hautreinigung eignet er sich. Kauen der Samen verbessert den Atem.

Erntezeit:
April – Juli
Blütezeit:
Mai – Juni

Staude

Fragaria vesca

Walderdbeere ✲

Familie: Rosengewächse (*Rosaceae*)
Herkunft: Europa, Asien; Kahlschläge, lichte Wälder
Aussehen: bis 25 cm hoch, bildet Ausläufer; mit grundständiger Blattrosette, Blätter dreizählig, grob gezähnt; Blüten weiß, röschenartig; rote Scheinfrüchte mit Nüsschen
Standort: sonnig bis halbschattig; auf feuchten, nährstoffreichen Böden
Pflege: anspruchslos; Gefäßkultur ist möglich; mit Kompost düngen; die Vermehrung gelingt sehr einfach über Ausläufer, die man im Sommer abtrennt und einpflanzt
Verwendung: Die reifen Früchte werden frisch oder tiefgefroren verwendet. Sie können direkt gegessen werden und geben Desserts und Getränken einen feinen Geschmack. Die Blätter wirken frisch oder getrocknet als Tee blutreinigend und bei leichtem Durchfall. Sie werden auch anderen Tees beigemischt. Ein Blattaufguss als Gesichtswasser pflegt fette Haut.
Hinweis: Ähnlich sind die Zimterdbeere (*F. moschata*) und die Knackerdbeere (*F. viridis*) mit gleicher Verwendung.

Erntezeit:
April – Okt.
Blütezeit:
Mai – Sept.

Staude

Galium mollugo

Wiesen-Labkraut ✿

Familie: Rötegewächse (*Rubiaceae*)
Herkunft: Europa; Wiesen, Waldränder, Feldraine
Aussehen: 20–80 cm hoch, niederliegend, aufrecht oder kletternd; Stängel vierkantig; Blätter schmal, etagenartig in Quirlen angeordnet; weiße Blütchen in lockerer Rispe, duften nach Honig
Standort: sonnig; normaler Boden; in der Blumenwiese
Pflege: anspruchslos; Vermehrung durch Aussaat
Verwendung: Blüten frisch für Limonade, Sirup, Gelee oder Süßspeisen, ähnlich wie Holunderblüten, getrocknet für Potpourris oder Duftsträußchen und für Kränze; junge Sprossspitzen im Frühjahr roh für Salat, als Würzkraut oder kurz gedünstet als Gemüse; Samen im Herbst geröstet als Würze für Gemüse oder Suppen
Arten/Sorten: Ebenso verwendet werden das Echte Labkraut (*G. verum*), das gelb blüht und auf Magerrasen wächst, und das Kletten-Labkraut (*G. aparine)* mit weißen Blüten, das häufig in Gärten als Unkraut gedeiht.

Erntezeit:
April – Juni
Blütezeit:
Mai – Juni

Staude

Galium odoratum

Waldmeister

Andere Namen: Maikraut, *Asperula odorata*
Familie: Rötegewächse (*Rubiaceae*)
Herkunft: Europa; Mischwälder
Aussehen: bis 30 cm hoch, mit kriechendem Wurzelstock; aufrechte, glatte, vierkantige Stängel; Quirle aus lanzettlichen Blättern in Etagen; Blüten weiß, sternförmig, in lockeren Trugdolden; angewelkt mit markantem Heuduft
Standort: halbschattig oder schattig; auf nährstoffreichen, feuchten und stark humushaltigen Böden
Pflege: bei Trockenheit wässern; Vermehrung durch Teilung
Verwendung: das junge Kraut zur Blütezeit frisch oder getrocknet zur Herstellung von Waldmeisterbowle, als aromatisierender Zusatz im Tee, zu Obstsalaten, Süßspeisen, Kompott oder Eis; als Heilpflanze bei Darmstörungen und krampfhaften Zuständen; Tee als mildes Beruhigungsmittel, gegen Kopfschmerzen und Migräne
Hinweis: Bei zu reichlichem Genuss können die Inhaltsstoffe (Cumarin) Kopfschmerzen verursachen.

Erntezeit:
März – Mai
Blütezeit:
April – Juni

Staude

Glechoma hederacea

Gundermann ✿

Anderer Name: Gundelrebe
Familie: Lippenblütler (*Lamiaceae*)
Herkunft: Europa; auf Wiesen und an Wegrändern
Aussehen: kriechend, bis 30 cm hoch; die Stängel bilden an den Knoten Wurzeln; kleine, nieren- bis herzförmige Blätter, am Rand gekerbt; hellviolette Blüten in Scheinquirlen
Standort: sonnig bis halbschattig; feuchte, durchlässige Böden
Pflege: braucht viel Feuchtigkeit; neigt zum Wuchern, daher ist Topfkultur geeigneter; Vermehrung über Stecklinge oder durch Teilung
Verwendung: Verwendet werden die frischen Blätter, Blüten oder zum Trocknen das ganze blühende Kraut. Die Blätter geben Salaten, Suppen, Eierspeisen, Gemüse oder Butter einen herb-würzigen Geschmack. Der Tee wird gegen Gallen- und Leberbeschwerden und äußerlich als Wundheilmittel und zum Gurgeln bei Mund- und Rachenentzündungen eingesetzt.
Hinweis: Die Pflanze ist für Pferde giftig.
Arten/Sorten: Die Sorte 'Variegata' ist weiß panaschiert.

Erntezeit:
Sept. – Dez.
Blütezeit:
Juni – Juli

Staude

Glycyrrhiza glabra

Lakritzpflanze

Anderer Name: Spanisches Süßholz
Familie: Schmetterlingsblütler (*Fabaceae*)
Herkunft: Mittelmeergebiet, Westasien
Aussehen: bis 1,5 m hoch, mit süß schmeckendem, verholztem, innen gelbem Wurzelstock; bildet Ausläufer; Stängel aufrecht, derb; Blätter unpaarig gefiedert, Unterseite harzig klebrig; Blüten lilablau, in Trauben
Standort: sonnig; auf lockeren, tiefgründigen Böden
Pflege: gleichmäßig feucht halten und vor Frost schützen; Teilung im Frühjahr, Aussaat im Herbst
Verwendung: Die mindestens vierjährige, dicke Pfahlwurzel wird ab Spätherbst geerntet, gewaschen, geschält und in der Sonne getrocknet. Dann wird sie ausgekocht und der gewonnene Süßholzsaft eingedickt. Der Saft hilft gegen Husten und Magenbeschwerden, wirkt auswurffördernd, entzündungshemmend und krampflösend. Der eingedickte, erstarrte Saft hat Lakritzgeschmack und ist z. B. als Leckerei oder in Erfrischungsgetränken beliebt.

Erntezeit:
ganzjährig
Blütezeit:
Juni – Sept.

Halbstrauch

Helichrysum italicum ssp. *serotinum*

Currystrauch

Andere Namen: Currykraut, Italienische Strohblume, Sonnengold
Familie: Korbblütler (*Asteraceae*)
Herkunft: Südeuropa; an trockenen, sonnigen Plätzen
Aussehen: dicht buschig, bis 1 m hoch; mit immergrünen, silbrig grauen, klebrigen, linealischen Blättern; dunkelgelbe, kugelige Blütenköpfchen in Scheindolden
Standort: sonnig; auf durchlässigen Böden
Pflege: nach der Blüte kräftig zurückschneiden; wenig gießen; Vermehrung im Sommer über Stecklinge
Verwendung: Die zarten, jungen Blätter und Triebe können nach Bedarf gepflückt werden. Die jungen Blätter und Triebe eignen sich zum Würzen von Reis, Saucen und Fleischgerichten. Dafür werden die Zweige kurz mitgekocht und vor dem Servieren entfernt. Die Pflanze eignet sich auch für Formschnitt und als niedrige Hecke.
Hinweis: Die Blätter verströmen ein Curryaroma. Bei Überdosierung kann es zu Magenreizung kommen.

Erntezeit:
Mai – Juli
Blütezeit:
Mai – Juli

Staude

Hesperis matronalis

Gewöhnliche Nachtviole ✿

Anderer Name: Mondviole
Familie: Kreuzblütler (*Brassicaceae*)
Herkunft: Europa bis Zentralasien; lichte Laubwälder
Aussehen: aufrecht buschig, bis 90 cm hoch; Blätter glatt, schmal oval; Blüten weiß, fliederfarben, aromatisch, in doldigen Trauben
Standort: sonnig bis halbschattig; auf feuchten und durchlässigen Böden
Pflege: anspruchslos; Pflanzen alle 2–3 Jahre erneuern, da sie ihre Wuchskraft rasch verlieren; Aussaat mit Vorkultur von März bis Juni; Direktsaat ab April
Verwendung: Die jungen Blätter werden frisch Salaten beigegeben. Die Blüten schmecken gut zu Fruchtsalat, in Butter, Zucker, Sirup und Essig oder auch kandiert. Getrocknet verströmen sie in Potpourris ihr veilchenartiges Aroma.
Hinweis: Die Blüten duften an feuchten Abenden sehr intensiv und ziehen Nachtfalter an. Die ähnliche Mondviole (*Lunaria annua*), auch Silberblatt genannt, hat herzförmige Blätter.

Erntezeit:
Juli – Sept.
Blütezeit:
April – Mai

Staude

Hierochloe odorata

Duftendes Mariengras

Andere Namen: Vanillegras, Senecagras, Süßgras, Sweetgrass
Familie: Süßgräser (*Poaceae*)
Herkunft: Europa, Nordamerika, Nordasien; feuchte Wiesen
Aussehen: bis 90 cm hoch, horstbildend, mit Ausläufern, neigt zum Wuchern; spitze, schlanke, am unteren Ende rötliche Blätter; rotgoldene Blüten in kleinen Rispen
Standort: sonnig bis halbschattig; auf feuchten Böden
Pflege: stets feucht halten; für Gefäßkultur geeignet; Vermehrung über Wurzelausläufer im Frühjahr oder Sommer
Verwendung: Die Blätter oder die ganze Pflanze mit dem Rhizom ergeben einen erfrischenden Tee, der bei Erkältungen hilft. Mit den Blättern werden Liköre aromatisiert. Extrakte der Pflanze geben Süßigkeiten und Getränken einen besonderen Geschmack. Das Kraut kann zum Räuchern oder zum Parfümieren von Kleidung verwendet werden.
Hinweis: Beim Trocknen entsteht durch den Inhaltsstoff Cumarin ein intensives Heuaroma. Der Duft erinnert an Waldmeister, der ebenfalls Cumarin enthält.

Erntezeit:
Mai – Sept.
Blütezeit:
Juli – Aug.

Staude

Houttuynia cordata

Houttuynie

Andere Namen: Eidechsenwurz, Koreanischer Koriander
Familie: Eidechsenschwanzgewächse (*Saururaceae*)
Herkunft: Himalaja bis Japan; Wald- und Sumpfgebiete
Aussehen: bis 30 cm hoch, kriechend; mit leuchtend roten Stängeln und herzförmigen, rotrandigen Blättern; Ähren mit winzigen, gelblichen Blüten mit 4 weißen Tragblättern; alle Teile duften aromatisch
Standort: halbschattig und geschützt; auf feuchten Böden
Pflege: stets leicht feucht halten; mit Laubkompost versorgen; winterhart, auch für Gefäßkultur geeignet; Vermehrung durch Teilung im Frühjahr
Verwendung: Die Blätter werden frisch verwendet. Ihr aromatisch-herber Geschmack passt gut zu Salaten. Die Blätter sind auch schön als Garnierung und eignen sich für Potpourris und Duftsträuße.
Arten/Sorten: Es gibt 2 Sippen mit verschiedenen Inhaltsstoffen: Die chinesisch-vietnamesische Sippe riecht nach Koriander, die japanische nach Zitronen und Orangen.

Erntezeit:
April – Mai, Aug. – Sept.
Blütezeit:
Juli – Sept.

Staude

Humulus lupulus

Hopfen ✿

Familie: Hanfgewächse (*Cannabaceae*)
Herkunft: Europa, Asien, Nordamerika; Gebüsche, Auwälder
Aussehen: bis 6 m hoch kletternd, zweihäusig; Stängel rechtswindend; Blätter rau, gelappt, am Rand stachelspitzig gezähnt; Blüten gelbgrün, männliche in Rispen, weibliche in zapfenförmigen Büscheln, riechen stark aromatisch und bitter
Standort: sonnig; auf durchlässigen, lehmigen Böden
Pflege: benötigt viel Feuchtigkeit; Vermehrung durch Aussaat im Frühjahr oder durch Abtrennen von Wurzelschösslingen
Verwendung: Verwendet werden die weiblichen Blütenstände, die man pflückt, kurz bevor sie ausgereift sind. Die im Frühjahr sprießenden Jungtriebe gelten als besondere Delikatesse. Sie werden wie Spargel zubereitet. Die Blüten entfalten in Teemischungen eine beruhigende Wirkung. Auch im Duftkissen oder Badezusatz wirken sie schlaffördernd.
Hinweis: Hopfen ist Geschmacksgeber im Bier. Frische Hopfenzapfen können unangenehme Hautreizungen hervorrufen und Allergien auslösen.

Erntezeit:
Juni – Sept.
Blütezeit:
Juni – Aug.

Staude

Hypericum perforatum

Tüpfel-Johanniskraut ✿

Andere Namen: Tüpfel-Hartheu, Blutkraut, Teufelsflucht
Familie: Johanniskrautgewächse (*Clusiaceae*)
Herkunft: Europa, Westasien, Nordafrika; lichte Wälder, Säume und Gebüsche
Aussehen: aufrecht, bis 90 cm hoch; zweikantiger, oben verzweigter Stängel mit elliptischen, ganzrandigen Blättern, die durch Öldrüsen punktiert sind; Blüten goldgelb mit schwarzgelben Schuppen, verfärben sich beim Zerquetschen blutrot
Standort: sonnig; auf fruchtbaren, durchlässigen Böden
Pflege: anspruchslos, winterhart; durch Aussaat vermehren
Verwendung: Blätter und Triebe wirken als Tee stimmungsaufhellend und beruhigend. Als Würze passen sie zu Fisch und aromatisieren Likör. Die Blüten werden für Kräuteröl oder als essbare Garnierung eingesetzt. Tinkturen helfen bei Rheuma. Die Pflanze kann zum Färben verwendet werden.
Hinweis: Die Pflanze macht lichtempfindlich, direkte Sonne und Solarien sollten während der Einnahmezeit gemieden werden.

Erntezeit:
Mai – Sept.
Blütezeit:
Juli – Aug.

Halbstrauch

Hyssopus officinalis ssp. officinalis

Ysop ✿

Familie: Lippenblütler (*Lamiaceae*)
Herkunft: Europa, Nordafrika, Asien; Gebüsche, Heiden
Aussehen: 30–60 cm hoch, dicht buschig, wintergrün; vierkantige, unten verholzende Stängel; Blätter linealisch bis eiförmig; lila Lippenblüten (auch weiß oder rosa)
Standort: sonnig; gut durchlässige, humose Kalkböden
Pflege: anspruchslos und winterhart; Vermehrung durch Stecklinge, Teilung oder Aussaat
Verwendung: junge Triebe, die leicht bitteren Blätter oder das blühende Kraut sparsam frisch oder getrocknet verwenden; zum Würzen von fettem Fleisch, Wild und Fisch, zu Gemüse wie Bohnen, Salaten, Suppen und Eintöpfen, beim Grillen auf die Glut legen, zum Aromatisieren von Speiseöl, für Liköre und Kräuterschnäpse; Blüten zur Garnierung von Speisen; als Tee bei Magen- und Darmstörungen sowie bei Husten, auch zum Gurgeln bei Hals- und Zahnfleischentzündungen
Arten/Sorten: Die Unterart *aristatus*, der Grannen-Ysop, bleibt kleiner und eignet sich gut für Topfkultur.

Erntezeit:
März – Okt.
Blütezeit:
Juni – Sept.

Staude

Inula helenium

Echter Alant

Andere Namen: Helenenkraut, Odinskopf, Lungenwurz
Familie: Korbblütler (*Asteraceae*)
Herkunft: Zentralasien, Europa; Wiesen, Wälder und Hecken
Aussehen: aufrecht buschig, bis 2,5 m hoch; bildet knollig verdickte Rhizome; Blätter bis 70 cm lang, breit lanzettlich, gezähnt, Unterseite behaart; große, gelbe Blütenköpfe; die ganze Pflanze verströmt einen aromatischen Geruch
Standort: sonnig; auf frischen, nährstoffreichen Böden
Pflege: mit Kompost düngen und im Herbst mulchen; braucht viel Platz; Aussaat im Frühjahr oder Teilung im Herbst
Verwendung: Die frischen Blätter werden im Frühjahr geerntet und zu Gemüse gegessen. Ein Umschlag mit den Blättern fördert die Wundheilung. Tee aus den getrockneten Blättern und Wurzeln wirkt schleim- und krampflösend. Für den Tee werden im Herbst oder Frühjahr die Wurzeln kräftiger Pflanzen geerntet. Die Blüten eignen sich als Garnierung oder getrocknet als Farbgeber in Potpourris. Der Echte Alant ist eine hübsche Zierpflanze.

Erntezeit:
April – Okt.
Blütezeit:
April – Okt.

Staude

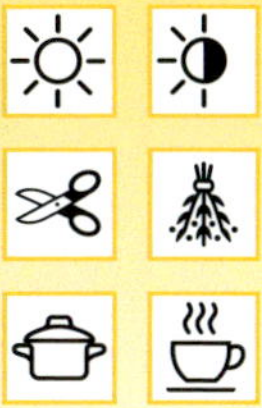

Lamium album

Weiße Taubnessel ✿

Familie: Lippenblütler (*Lamiaceae*)
Herkunft: Europa, Nordasien; an Wegen, in Gebüschen
Aussehen: buschig, bis 40 cm hoch, mit kriechenden Rhizomen; Stängel vierkantig, hohl; Blätter gegenständig, herzeiförmig, brennnesselähnlich, aber ohne Brennhaare, am Rand gesägt; in Quirlen angeordnete, reinweiße Lippenblüten
Standort: sonnig bis halbschattig; auf nahrhaften, mäßig feuchten Böden
Pflege: anspruchslos; kann im Frühjahr geteilt werden
Verwendung: Die jungen, vitaminreichen Blätter und Triebe können im Frühjahr frisch in Salaten, als Gemüse oder als Suppe gegessen werden. Die honigsüßen Blüten werden ohne Kelch verwendet. Sie verfeinern Desserts und ergeben eine hübsche Garnierung. Getrocknet in Tees wirken sie bei Magen-Darm-Beschwerden und bei Katarrhen der oberen Atemwege.
Hinweis: Der Name beruht auf der Ähnlichkeit mit der Brennnessel.

Erntezeit:
Juni – Nov.
Blütezeit:
März – April

Strauch oder Baum

Laurus nobilis

Lorbeer

Familie: Lorbeergewächse (*Lauraceae*)
Herkunft: Mittelmeergebiet; Strauchgesellschaften
Aussehen: immergrün, dicht buschig, bis über 10 m hoch; Blätter glänzend dunkelgrün, glatt, ledrig, am Rand gewellt; Blüten blattachselständig, klein, sternförmig, duftend; Früchte schwarz, eiförmig, nur an weiblichen Exemplaren
Standort: sonnig oder halbschattig, warm und geschützt; auf durchlässigen, leicht feuchten, lehmigen Böden
Pflege: nicht ganz frosthart, Kübelkultur ratsam; hell und kühl überwintern; Vermehrung durch Stecklinge
Verwendung: die herb-aromatischen Blätter würzen sehr stark, sparsam verwenden; in Suppen und Fonds, zu Marinaden, Braten, Kohl, für Likörherstellung; äußerlich bei Durchblutungsstörungen und Rheuma; der Tee hilft bei Verdauungsbeschwerden; in der Floristik zum Binden von Kränzen; ein Blatt im Reis-, Mehl- oder Getreidevorrat hält Schädlinge fern
Hinweis: Wer Früchte ernten möchte, benötigt männliche und weibliche Exemplare.

Erntezeit:
Mai – Sept.
Blütezeit:
Juli – Sept.

Halbstrauch

Lavandula angustifolia ssp. *angustifolia*

Echter Lavendel

Familie: Lippenblütler (*Lamiaceae*)
Herkunft: Mittelmeergebiet, Kanarische Inseln; an sonnigen, steinigen Trockenhängen
Aussehen: dicht bis locker buschig, 50–100 cm hoch; immergrüne, silbrig graue, linealische Blätter, fein behaart; blaue bis violette, teils weiße oder rosa Blüte in schlanken, lang gestielten Ähren, stark duftend
Standort: sonnig und warm; auf durchlässigen Böden
Pflege: nach der Blüte stutzen; Winterschutz ist ratsam; die Vermehrung erfolgt über Stecklinge
Verwendung: junge Blätter und Triebspitzen in geringen Mengen zu Fisch, Geflügel, Suppen und Eintopf, in Kräutermischungen; getrocknete Blüten für Süßspeisen, als Garnierung; Tee aus den Blüten lindert Kopfschmerzen und beruhigt die Nerven; Lavendelöl und -spiritus hilft bei Muskelverkrampfungen und Kopfschmerzen; Lavendelbäder wirken anregend und erfrischend; Säckchen mit Blüten im Kleiderschrank hält Motten fern; für Potpourris, Sträuße und für Dekorationen

Erntezeit:
Mai – Sept.
Blütezeit:
Juni – Sept.

Halbstrauch

Lavandula lanata

Wolliger Lavendel

Andere Namen: Silberblatt-Lavendel, Samt-Lavendel
Familie: Lippenblütler (*Lamiaceae*)
Herkunft: Südwesteuropa; trockene Gebüsche
Aussehen: bis 50 cm hoch; dicht bis locker buschig, immergrün; wollfilzige, silbrigweiße, linealische Blätter; dunkellila Blüten in langen Kerzen; aromatisch duftend
Standort: sonnig und warm; lockere, magere, auch sandige oder steinige Böden mit sehr guter Wasserdurchlässigkeit
Pflege: Gefäßkultur ist möglich, wirksame Dränage jedoch unerlässlich; Staunässe unbedingt vermeiden; nach der Blüte zurückschneiden; hell und kühl bei 5–10 °C überwintern; Vermehrung erfolgt durch Stecklinge
Verwendung: gilt als besonders aromatisch und ist als Würze besonders geeignet; junge Blätter und Triebspitzen frisch oder getrocknet als Würze für Lamm, Hammel, Geflügel, Fisch, Eintöpfe und für Kräutermischungen; Blüten frisch oder getrocknet für Süßspeisen, Eis, zur Garnierung und Aromatisierung; weitere Verwendung wie Echter Lavendel

Erntezeit:
Mai – Okt.
Blütezeit:
Juli – Okt.

Halbstrauch

Lavandula stoechas ssp. *stoechas*

Schopf-Lavendel

Andere Namen: Französischer Lavendel, Welscher Lavendel
Familie: Lippenblütler (*Lamiaceae*)
Herkunft: Südeuropa, Nordwestafrika; trockene Gebüsche
Aussehen: 30–80 cm hoch, dicht buschig, immergrün; Blätter nadelförmig, derb, graugrün; Blüten purpurn, in Scheinähren, gekrönt von einem Schopf violetter Hochblätter
Standort: sonnig und warm; auf durchlässigen, trockenen und mageren, auch steinigen Böden
Pflege: Staunässe unbedingt vermeiden; nach der Blüte zurückschneiden; Winterschutz, vor allem vor Nässe, ist ratsam; Gefäßkultur möglich, dann im Haus hell und kühl bei 5–10 °C überwintern; Vermehrung durch Stecklinge
Verwendung: junge Blätter, Triebspitzen und Blüten in kleinen Mengen zum Würzen verwenden; die Blütenähren vertreiben Motten und andere Insekten; auch zur Gewinnung von Öl geeignet; weitere Verwendung wie Echter Lavendel
Arten/Sorten: 'Madrid' in Weiß, Pink, Purpur und Blau, 'Kew Red' mit kirschroten Hochblättern

Erntezeit:
Juli – Aug.
Blütezeit:
Juli – Aug.

Staude

Leonurus cardiaca

Herzgespann ✿

Andere Namen: Löwenschwanz, Herzheil, Wolfskraut
Familie: Lippenblütler (*Lamiaceae*)
Herkunft: Europa, Nordamerika; Wegränder, Schuttplätze
Aussehen: aufrecht, bis 1 m hoch; Stängel vierkantig, gerillt, hohl; Blätter gegenständig, oben dreilappig, unten handförmig gespalten, grob gezähnt; kleine, rosa Lippenblütchen in Scheinquirlen
Standort: sonnig bis halbschattig; auf warmen, stickstoffreichen Böden
Pflege: anspruchslos; Direktaussaat ist möglich
Verwendung: Das ganze Kraut oder die blühenden Sprossspitzen werden zur Blütezeit geerntet und getrocknet. Der Tee hilft bei Beschwerden in den Wechseljahren und bei Magen-Darm-Beschwerden. Die Pflanze ist ein altes Hausmittel bei Herz- und Nervenstörungen.
Hinweis: Herzgespann ist eine Hummelpflanze mit intensivem Geruch und steht unter Naturschutz. Sie sollte nicht in der Schwangerschaft angewendet werden.

Erntezeit:
ganzjährig
Blütezeit:
Mai – Nov.

einjährig

Lepidium sativum

Kresse ✿

Anderer Name: Garten-Kresse
Familie: Kreuzblütler (*Brassicaceae*)
Herkunft: Vorderasien, Afrika
Aussehen: aufrecht, bis 10 cm hoch; Blätter länglich eiförmig, gefiedert; Blüten weiß
Standort: sonnig bis halbschattig; gedeiht auf jedem Gartenboden und in Keimschalen
Pflege: anspruchslos, aber stets leicht feucht halten; Aussaat unter Glas ganzjährig, im Freien ab März, nur leicht mit Erde bedecken; keimt rasch, laufend nachsäen
Verwendung: Die Keimlinge bzw. Blätter und Blüten der ausgewachsenen Pflanze sollten immer frisch abgeschnitten werden. Sie enthalten viel Vitamin C. Ihr pfeffriger Geschmack passt zu Salat, Eiern und Quark. Auch als Gemüse, zu Fisch, aufs Butterbrot oder zum Garnieren eignen sie sich. Kresse ist ein Muntermacher im Frühjahr und hilft bei Blutarmut.
Hinweis: Kresse und Radieschen stärken sich im Beet nebeneinander.

Erntezeit:
März – Mai, Sept.
Blütezeit:
Juli – Aug.

Staude

Levisticum officinale

Liebstöckel

Andere Namen: Maggikraut, Luststecken, Selleriestrauch
Familie: Doldenblütler (*Apiaceae*)
Herkunft: Vorderasien
Aussehen: stattlich, buschig, bis 2 m hoch; Stängel hohl und gerippt, mit tief geteilten, gezähnten Blättern, die beim Zerreiben nach Sellerie duften; blass grüngelbe Blüten in Dolden; gelbbraune Spaltfrüchte
Standort: sonnig bis halbschattig; auf nährstoffreichen Böden
Pflege: im Herbst mit Kompost düngen; winterhart; im Frühjahr oder Spätsommer aussäen; Vermehrung durch Teilung
Verwendung: Die frischen, jungen Blätter werden vor der Blüte geerntet und in Salaten, Suppen und Eintöpfen gegessen. Die Samen erntet man, wenn sie braun werden. Zerdrückt würzen sie das Brot. Der Tee aus den Samen und Blättern hilft bei Verdauungsstörungen.
Hinweis: Im 16. Jahrhundert galt das Kraut als Aphrodisiakum. Liebstöckel sollte man während der Schwangerschaft oder bei Nierenleiden nicht als Medizin einnehmen.

Erntezeit: *Sept.*
Blütezeit: *Juni – Aug.*

einjährig

Linum usitatissimum

Lein

Andere Namen: Echter Lein, Saat-Lein, Flachs
Familie: Leingewächse (*Linaceae*)
Herkunft: Kulturform
Aussehen: straff aufrecht, bis 1 m hoch; mit schmal-lanzettlichen Blättern und himmelblauen Blüten; rundliche Kapseln mit glänzenden, flachen Samen
Standort: sonnig; fruchtbare, leichte (sandige) Böden
Pflege: sparsam düngen; Staunässe vermeiden; direkt aussäen
Verwendung: Samen schmecken gut im Müsli, in Joghurt und anderen Speisen, regen die Verdauung an, helfen als Gurgelmittel gegen Entzündungen in Mund und Zahnfleisch und in lauwarmem Wasser eingeweicht gegen Magenschleimhautentzündung; junge Blätter passen gut zu Salaten; Leinöl (kaltgepresst) äußerlich bei Hautausschlägen, hochwertiges Speiseöl; hübsche Ergänzung in Sträußen
Hinweis: leuchtende Zierde im Blumenbeet; zur Samengewinnung verwendet man bevorzugt den so genannten Schließ-Lein, eine Züchtung, deren Früchte geschlossen bleiben.

Erntezeit:
ganzjährig
Blütezeit:
Juli – Sept.

Halbstrauch

Lippia dulcis

Aztekisches Süßkraut

Familie: Eisenkrautgewächse (*Verbenaceae*)
Herkunft: Mittel- und Südamerika
Aussehen: kriechend, bis 30 cm hoch, überhängend mit meterlangen Ranken; Blätter dunkelgrün, oval; Blüten klein, weiß, in den Achseln der Blätter
Standort: sonnig; auf durchlässigen, sandig-lehmigen Böden
Pflege: Triebe regelmäßig stutzen; Gefäßkultur ist ratsam; hell und kühl überwintern; Vermehrung erfolgt über Stecklinge; frostempfindlich
Verwendung: Die Blätter haben ein minziges Aroma und enthalten einen natürlichen Süßstoff. Sie sind ein schmackhaftes Süßungsmittel für Speisen und Kräutertees und wirken leicht entspannend. Als Duftpflanze eignet sich das Süßkraut für Potpourris und ist dekorativ in Ampeln.
Hinweis: Die Blüten duften intensiv nach Honig. Schon die Azteken nutzten das Süßkraut, das sie „Tzopelic Xlhuitl" nannten, als Allheilmittel. Das ätherische Öl enthält Kampfer, dem eine schleimlösende Wirkung nachgesagt wird.

Erntezeit:
ganzjährig
Blütezeit:
Juli – Aug.

Strauch

Lippia graveolens

Mexikanischer Oregano

Familie: Eisenkrautgewächse (*Verbenaceae*)
Herkunft: Südwesten der USA, Mexiko; trockene Täler, Felsen
Aussehen: buschig, immergrün, nicht frosthart; spitzovale, gesägte Blätter mit deutlichen Blattadern; Blüten klein, gelb oder weiß, in den Blattachseln
Standort: sonnig; gut durchlässige, sandige Böden
Pflege: Gefäßkultur ist ratsam. Die Pflanze sollte hell und mäßig warm überwintert werden. Die Vermehrung erfolgt über Stecklinge.
Verwendung: In der texanischen und mexikanischen Küche werden die Blätter als oreganoähnliche Würze für Chilis, Eintopf und Bohnengerichte verwendet. Sie sind in Gewürzmischungen und Potpourris enthalten. Als Duftpflanze für Beete, Kästen und auf der Fensterbank geeignet.
Hinweis: Die Blätter duften beim Zerreiben nach Oregano, Blüten nach Honig. Auch *Poliomintha longiflora* (→ Seite 176) ist unter dem Namen Mexikanischer Oregano im Handel erhältlich.

Erntezeit:
Mai – Aug.
Blütezeit:
Juli – Okt.

Staude

Malva alcea

Rosenmalve

Andere Namen: Rosenpappel, Sigmarswurz, Rote Wegwarte
Familie: Malvengewächse (*Malvaceae*)
Herkunft: Südeuropa; mäßig trockene Fettwiesen, Waldsäume, Wegränder, Böschungen und Brachflächen
Aussehen: bis 1 m hoch, straff aufrecht, reich verzweigt; breite, herzförmige Blätter; große, violettrosa Blüte
Standort: sonnig; auf durchlässigen, nährstoffreichen Böden
Pflege: meist nur kurzlebig; Vermehrung über Stecklinge oder Aussaat, sät sich selbst aus
Verwendung: Blätter, Blüten und zarte Triebe frisch in Salaten oder zu Gemüse; frische oder getrocknete Blätter zum Badewasser gegen Hautausschläge und Geschwüre; der Aufguss wirkt entzündungshemmend und schleimlösend; Malventee hilft gegen Husten, bei Entzündungen im Mund und Rachen sowie bei leichten Durchfällen; Blüten zur Garnierung
Arten/Sorten: Käsepappel oder Wegmalve (*M. neglecta*), Moschusmalve (*M. moschata*) sowie die Wilde Malve (*M. sylvestris*) werden ebenfalls als Heilpflanzen verwendet.

Erntezeit:
Sept. – Okt.
Blütezeit:
Dez. – April

Staude

Mandragora officinarum

Alraune

Anderer Name: Erdmännchen
Familie: Nachtschattengewächse (*Solanaceae*)
Herkunft: Mittelmeerraum; Gesteinsschutt, Trockenstandorte
Aussehen: stängellos, bis 25 cm hoch; Rosette aus länglich eiförmigen, gewellten, runzeligen Blättern; trüb- bis blassviolette, glockenförmige Blüten, büschelig in der Rosettenmitte; gelbe, kugelige Beerenfrüchte
Standort: halbschattig; auf humusreichen, durchlässigen Böden; für Gefäßkultur geeignet
Pflege: mäßig warm und dunkel im Haus überwintern; Aussaat im Herbst, im Winter über Blattstecklinge vermehren
Verwendung: Verwendet werden die getrockneten Wurzeln älterer Exemplare. Mit ihrer menschenähnlichen Gestalt gelten sie bis heute als Glücksbringer. Man fertigt Talismane für Liebe, Schutzamulette und andere Kuriositäten aus ihnen.
Hinweis: stark narkotisierend und halluzinogen, wird nur homöopathisch verwendet; giftig, keine Selbstmedikation! Im Fachhandel wird vor allem *M. autumnalis* angeboten.

Erntezeit:
Mai – Sept.
Blütezeit:
Juni – Sept.

Staude

Marrubium vulgare

Gewöhnlicher Andorn ✲

Andere Namen: Dorant, Brustkraut, Mauer-Andorn
Familie: Lippenblütler (*Lamiaceae*)
Herkunft: Mittelmeergebiet; auf mageren Wiesen
Aussehen: buschig, bis 60 cm hoch; filzig behaarte Stängel; Blätter eiförmig, gezähnt, flaumig; Blüten klein, weiß, in Scheinquirlen (ab dem zweiten Jahr); duftet aromatisch
Standort: sonnig; auf nährstoffarmen, durchlässigen Böden
Pflege: anspruchslos und frosthart; im Frühjahr aussäen oder teilen
Verwendung: Das blühende Kraut und die Blätter werden frisch oder getrocknet verwendet. Die Blätter nutzt man für Kräuterlikör und als Salatwürze. Der Tee ist appetitanregend, hilft bei Durchfall und gegen Husten und Halsschmerzen. Ein Blätterauszug wird gegen Raupen gespritzt. In frischer Milch ist das Kraut als Fliegenlockmittel geeignet.
Hinweis: Die Pflanze sollte nicht während der Schwangerschaft angewendet werden. Sie ist vom Aussterben bedroht und darf nicht wild gesammelt werden.

Erntezeit:
Mai – Juli
Blütezeit:
Mai – Sept.

einjährig

Matricaria recutita

Echte Kamille ✿

Anderer Name: Mutterkraut
Familie: Korbblütler (*Asteraceae*)
Herkunft: Mittelmeerraum, Kleinasien; Wiesen, Felder, Wegränder
Aussehen: locker buschig, bis 50 cm hoch; verzweigter Stängel mit fein gefiederten Blättern; Körbchen aus gelben Röhrenblüten, die von weißen Zungenblüten umgeben sind, Blütenboden hohl (Erkennungsmerkmal)
Standort: sonnig; auf humusreichen, leicht lehmigen Böden
Pflege: anspruchslos; Direktaussaat ab April
Verwendung: Die Blütenköpfchen werden frisch oder getrocknet verwendet, z. B. in Kräuterbowlen. Kamille wirkt innerlich als Tee oder äußerlich als Gesichtsdampfbad, Badezusatz oder Kompresse entzündungshemmend, schmerzlindernd und beruhigend. Auch für Potpourris eignet sie sich.
Hinweis: Die Pflanze ist nicht zum Dauergebrauch geeignet (kann zu Schwindel und Nervosität führen). Sie sollte nicht für Augenspülungen verwendet werden.

Erntezeit:
Juni – Sept.
Blütezeit:
Juni – Sept.

zweijährig

Melilotus officinalis

Echter Steinklee ✿

Andere Namen: Gelber Steinklee, Honigklee
Familie: Schmetterlingsblütler (*Fabaceae*)
Herkunft: Europa, Asien, Nordamerika; Wegränder, Schuttplätze, Brachland, Unkrautfluren
Aussehen: bis 1,5 m hoch; mit aufrechtem, verästeltem Stängel und dreizähligen, gefiederten Blättchen; kleine, gelbe Schmetterlingsblüten in lockeren Trauben; duftet stark nach Cumarin (ähnlich wie Waldmeister)
Standort: sonnig; auf trockenen Böden
Pflege: anspruchslos; Vermehrung durch Aussaat
Verwendung: Das blühende Kraut wird frisch oder getrocknet zur Aromatisierung von Süßspeisen und Getränken (Ersatz für Vanille) verwendet. Duftsträußchen dienen der Mottenabwehr. Der Tee hilft gegen Venenleiden und Hämorrhoiden, der Absud äußerlich bei Prellungen und Blutergüssen.
Hinweis: nicht während der Schwangerschaft anwenden; frisch nur in kleinen Mengen, kann Kopfschmerzen verursachen; gute Insektenweide, zur Gründüngung geeignet

Erntezeit:
April – Okt.
Blütezeit:
Juli – Aug.

Staude

Melissa officinalis

Zitronenmelisse ✿

Andere Namen: Melisse, Zitronenkraut, Bienenkraut
Familie: Lippenblütler (*Lamiaceae*)
Herkunft: Kleinasien, östlicher Mittelmeerraum; Gebüsche
Aussehen: wächst dicht buschig, bis 1 m hoch; Blätter eiförmig, gleichmäßig gezähnt; rosig-weiße Lippenblüten; duftet stark nach Zitrone
Standort: sonnig; humusreiche, leicht feuchte Gartenböden
Pflege: gut mit Kompost versorgen, immer wieder zurückschneiden; kann auch in Töpfen kultiviert werden; Aussaat im Frühjahr, kann im Frühjahr oder Sommer geteilt werden
Verwendung: Die jungen Blätter und Triebspitzen werden am besten vor der Blüte geerntet. Sie schmecken frisch oder getrocknet zu Salaten, Saucen, in Obstsalat und zu vielerlei Gerichten, z. B. zu Fisch (nur kurz mitkochen). Auch in Kräuteressig können sie eingelegt werden. Als Tee oder als Badezusatz wirken sie entspannend und helfen gegen Kopfschmerzen und Nervosität. Melissengeist gibt es auch als Destillat.
Hinweis: wertvolle Bienenweide

Erntezeit:
März – Nov.
Blütezeit:
Juli – Okt.

Staude

Mentha aquatica

Wasserminze ✿

Anderer Name: Bachminze
Familie: Lippenblütler (*Lamiaceae*)
Herkunft: Europa, Zentralasien, Nordwestafrika; Gräben, Ufer, nasse Wiesen, Röhrichte
Aussehen: 20–80 cm hoch, dicht buschig, mit Ausläufern; Stängel oft rot überlaufen; mit eiförmigen, am Rand gesägten, manchmal gekrausten Blättern; rosa oder lila Blüten in kopfigem Blütenstand an den Triebspitzen sowie quirlig in den Blattachseln; aromatisch duftend
Standort: sonnig bis halbschattig; auf feuchten Böden, am Teichrand oder Bachufer
Pflege: anspruchslos; Vermehrung durch Teilung oder durch Abtrennen der Ausläufer
Verwendung: Triebe oder einzelne Blätter (mentholhaltig) am besten vor der Blüte ernten und wie Pfefferminze verwenden
Arten/Sorten: Die Krause Minze (*M. aquatica* var. *crispa*) trägt stark gekräuselte, grasgrüne Blätter und ergibt einen hervorragenden Tee.

Erntezeit:
ganzjährig
Blütezeit:
April – Okt.

Staude

Mentha × piperita

Echte Pfefferminze ✿

Familie: Lippenblütler (*Lamiaceae*)
Herkunft: Kulturform; verwildert an feuchten Stellen
Aussehen: dicht buschig, bis 1 m hoch, bildet Ausläufer und neigt zum Wuchern; Stängel kantig, oft dunkelrot überlaufen; Blätter gegenständig, eiförmig bis elliptisch, meist gesägt; Blüten weiß, rosa oder purpurn, in ährenartigen Blütenständen
Standort: sonnig bis halbschattig; sandig-humose bis sandig-lehmige, feuchte, nährstoffreiche Böden
Pflege: anspruchslos; Wurzelsperren im Beet oder Topfkultur verhindern übermäßige Ausbreitung; alle 2–3 Jahre verpflanzen; Vermehren durch Teilung oder Ausläufer
Verwendung: zum Trocknen das Kraut vor der Blüte schneiden; Blätter für Saucen, zu Kartoffeln, Erbsen, Geflügel, Lamm und Salaten, zu Süßspeisen, Obstsalat und Eis, in Likören; der erfrischende, mentholhaltige Tee hilft bei Erkältungen, Blähungen, Verdauungsstörungen, Leber- und Gallenbeschwerden; für schmerzstillende Einreibungen und zur Mund- und Zahnpflege; als Badezusatz; für Duftkissen, Potpourris

Erntezeit:
März – Nov.
Blütezeit:
Juni – Aug.

Staude

Mentha requienii

Korsische Minze

Andere Namen: Kriechende Minze, Teppichminze
Familie: Lippenblütler (*Lamiaceae*)
Herkunft: Korsika, Sardinien; felsige Stellen
Aussehen: 3–10 cm hoch, kriechend, teppichbildend; mit kleinen, eiförmigen bis länglichen Blättern; kleine, zartviolette Lippenblüten sitzen einzeln in den Blattachseln
Standort: sonnig bis halbschattig; auf feuchten Böden
Pflege: anspruchslos; bei Trockenheit gießen; Winterschutz ist ratsam oder zur Überwinterung ins Haus holen; Vermehrung durch Teilung oder Ausläufer, sät sich selbst aus
Verwendung: Geerntet werden die Triebspitzen oder einzelnen Blätter. Sie werden vorzugsweise frisch für Sorbet, Süßspeisen und Likör verwendet, die getrockneten Blättchen für Duftkissen. Die Art eignet sich zur Anlage von Duftrasen.
Arten/Sorten: Die Kriechende oder Teppichpoleiminze (*M. pulegium* ssp. *repens*) wächst ähnlich, darf aber wie die Poleiminze (*M. pulegium*) selbst wegen ihres Gehalts an giftigem Pulegon nur zu Zierzwecken verwendet werden.

Erntezeit:
März – Nov.
Blütezeit:
Juli – Sept.

Staude

Mentha spicata

Grüne Minze ✿

Andere Namen: Ährige Minze, *Mentha viridis*
Familie: Lippenblütler (*Lamiaceae*)
Herkunft: wahrscheinlich Südeuropa; feuchte Stellen
Aussehen: 30–80 cm hoch, dicht buschig, aufrecht; Stängel oft rot überlaufen; sattgrüne, am Rand gesägte, manchmal gekrauste Blätter; zartviolette bis rosafarbene Lippenblüten in langen, schlanken Ähren an den Triebspitzen
Standort: sonnig bis halbschattig; auf leicht feuchten, nährstoffreichen Böden
Pflege: anspruchslos; bei Trockenheit gießen; jährlich mit Kompost versorgen oder in frische Erde umsetzen; Gefäßkultur ist möglich; Vermehrung durch Teilung oder Ausläufer
Verwendung: Die Triebspitzen oder einzelne Blätter am besten vor der Blüte ernten, wie Rundblättrige Minze verwenden.
Hinweis: Die Formen der Grünen Minze enthalten kein oder nur wenig Menthol.
Arten/Sorten: Sorten mit verschiedenem Aroma sind z. B. Marokkanische, Persische oder Spearmintminze.

Erntezeit:
April – Okt.
Blütezeit:
Juli – Sept.

Staude

Mentha suaveolens

Ananasminze ✿

Familie: Lippenblütler (*Lamiaceae*)
Herkunft: Europa, Mittelmeergebiet, Vorderasien; Wiesen, Feldränder, Gebüsche
Aussehen: bis 60 cm hoch, niederliegend bis dicht buschig, bildet Rhizome und neigt zum Wuchern; Blätter eiförmig bis elliptisch, wollfilzig, aromatisch; Blüten weiß bis rosa
Standort: sonnig bis halbschattig; fruchtbare, stets leicht feuchte Böden
Pflege: anspruchslos; Vermehrung durch Teilung
Verwendung: zum Trocknen das Kraut vor der Blüte (Haupterntezeit Juni/Juli) abschneiden; frisch oder getrocknet für Tees (mentholfrei), zur Würze von Salaten, Saucen, Quark- und Eierspeisen, Gemüse, Süßspeisen, Obstsalat und Eis, in Konfitüren, Erfrischungsgetränken, Bowlen; für Potpourris, Duftkissen, florale Dekorationen; als Badezusatz
Arten/Sorten: 'Variegata' trägt weißgescheckte Blätter; Rundblättrige Minze (*M.* × *rotundifolia*) duftet nach Apfel, Edel- oder Ingwerminze (*M.* × *gracilis*) nach Ingwer.

Erntezeit:
Juli – Okt.
Blütezeit:
Juni – Okt.

Staude

Mertensia maritima

Austernpflanze ✲

Andere Namen: Pferdezunge, Blauglöckchen
Familie: Raublattgewächse (*Boraginaceae*)
Herkunft: Küste Nordschottlands
Aussehen: bis 20 cm hoch; bildet große Blattrosetten mit kriechenden Ausläufern; blaugrüne, leicht sukkulente Blätter (ähnlich Feldsalat); dunkel- bis wasserblaue Blüten in Trauben, ähnlich wie Borretsch
Standort: sonnig; auf feuchten, durchlässigen, auch salzhaltigen Böden, gerne in Gewässernähe
Pflege: anspruchslos und frosthart, Schneckenabwehr ist jedoch ratsam; Vermehrung über Aussaat (Samen keimen langsam) oder durch Teilung
Verwendung: Die Blätter werden nur frisch verzehrt. Ihr Geschmack erinnert an Austern, Anchovis oder Pilze. Daher passen sie zu allen Seefischgerichten und zu Meeresfrüchten. Auch als Würze zu Salaten sind sie geeignet. Fein gehackt aufs Butterbrot oder als Gemüse zubereitet sind sie eine schmackhafte Alternative.

Erntezeit:
Mai – Sept.
Blütezeit:
Juli – Sept.

einjährig

Mesembryanthemum crystallinum

Eiskraut

Anderer Name: Kristallkraut
Familie: Mittagsblumengewächse (*Aizoaceae*)
Herkunft: Küsten des Mittelmeers, Südaustraliens und Südafrikas
Aussehen: bis 10 cm hoch; Sprossachse kriechend, fleischig; Blätter saftig, spatelförmig, mit gewelltem Rand, mit glänzenden, wassergefüllten Drüsen besetzt, durch die die Pflanze wie vereist erscheint; große, weiße Strahlenblüten
Standort: sonnig und warm; leichte, sandige, trockene Böden
Pflege: vor Nässe schützen; Gefäßkultur ist möglich; Direktaussaat in Reihen (25 cm Abstand) von April bis August
Verwendung: Die Blätter werden vor der Blüte geerntet und frisch verzehrt. Sie sind reich an Vitamin C und schmecken leicht salzig. Man kann sie roh oder wie Spinat essen. Eiskraut ist eine dekorative Zierpflanze.
Arten/Sorten: Nah verwandte Arten werden als reine Zierpflanzen kultiviert (z. B. die Garten-Mittagsblume, *Dorotheanthus bellidiformis*).

Erntezeit:
April – Aug.
Blütezeit:
Mai – Aug.

Staude

Meum athamanticum

Gewöhnliche Bärwurz

Andere Namen: Bärenfenchel, Bärendill
Familie: Doldenblütler (*Apiaceae*)
Herkunft: West- und Mitteleuropa; in den Mittelgebirgen und Alpen
Aussehen: wächst buschig und wird bis 60 cm hoch; bildet ein dickes Rhizom mit Faserschopf; Stängel hohl; Blätter grundständig, 3- bis 4-fach gefiedert mit haarfeinen Abschnitten; Blüte gelblich weiß, in Dolden
Standort: sonnig; auf kalkarmen, sandig-lehmigen, feuchten Böden
Pflege: frosthart; gleichmäßig gießen; auch für große Töpfe geeignet; Aussaat im Frühjahr; Teilung ist möglich
Verwendung: Alle Pflanzenteile erinnern im Geschmack an Fenchel. Bärwurz passt gut zu Salaten, Gemüse, Suppen oder Fisch. Ein Aufguss aus den getrockneten Samen und Wurzeln hilft bei Appetitmangel und gegen Blasenleiden. Bärwurzschnaps ist magenstärkend.
Hinweis: besonders schön in Wildgärten

Erntezeit:
Juni – Okt.
Blütezeit:
Juni – Okt.

Staude

Monarda didyma

Scharlach-Indianernessel

Andere Namen: Goldmelisse, Oswegotee
Familie: Lippenblütler (*Lamiaceae*)
Herkunft: Nordamerika; Gebüsche
Aussehen: buschig, bis 90 cm hoch; mit vierkantigem Stängel; Blätter spitz-eiförmig, gezähnt; Blüte schlank, fedrig, rot, in Quirlen, die mehrere Etagen bilden, duftend
Standort: sonnig bis halbschattig; auf nährstoffreichen, durchlässigen Böden
Pflege: im Spätherbst oder Frühling zurückschneiden, alle 3–4 Jahre teilen; Vermehrung durch Aussaat oder Teilung
Verwendung: Blüten zu Salat, als Garnierung, als Würze zu Obstsalaten, Gelees und Fruchtsäften, zur Aromatisierung von Essig, zur Herstellung von Sirup und Kräuterlimonaden; frische Blätter zur Würze von Saucen, Geflügel und Fisch sowie für Milchmixgetränke; Tee aus frischen oder getrockneten Blättern als Erfrischung; Aufguss der Blätter zum Inhalieren bei Bronchialbeschwerden
Hinweis: wertvolle Bienenweide

Erntezeit:
Juni – Okt.
Blütezeit:
Juni – Okt.

Staude

Monarda fistulosa

Späte Indianernessel

Andere Namen: Rosenmelisse, Wilde Bergamott-Monarde
Familie: Lippenblütler (*Lamiaceae*)
Herkunft: Nordamerika; Gebüsche
Aussehen: bis 1 m hoch; buschig; graugrüne, eiförmige, gezähnte Blätter; fedrige, hellrosa bis lavendelfarbene Blüten in Quirlen, duften stark minzeartig
Standort: sonnig bis halbschattig; nährstoffreicher Boden
Pflege: im Herbst zurückschneiden, alle 3 Jahre teilen; Vermehrung durch Teilung
Verwendung: Blüten frisch als Garnierung und zur Aromatisierung, getrocknet in Tees; Blätter frisch oder getrocknet für erfrischenden Tee, zur Aromatisierung von Salaten oder Desserts; ein Aufguss der Blätter hilft gegen Atemwegsbeschwerden; Zierpflanze für naturnahe Beete
Hinweis: gute Bienenweide, Schmetterlingsmagnet
Arten/Sorten: Die Rosen-Monarde (*M. fistulosa* × *tetraploid*), oft ebenfalls Rosenmelisse genannt, blüht rosarot, ihre Blätter duften besonders intensiv nach Rosen und Lavendel.

Erntezeit:
Sept. – März
Blütezeit:
April – Juni

einjährig

Montia perfoliata

Kubaspinat ✲

Andere Namen: Winterportulak, Postelein, Tellerkraut
Familie: Portulakgewächse (*Portulacaceae*)
Herkunft: Nordamerika, Westeuropa; Äcker, Unkrautfluren
Aussehen: bis 30 cm hoch, buschig; junge Blätter rautenförmig, ältere tellerförmig, fleischig, schmal gestielt, in Rosetten; Blüten klein, weiß bis rosa
Standort: sonnig; normaler, leicht feuchter Boden; Anbau bevorzugt unter Glas im Gewächshaus oder im Frühbeet
Pflege: anspruchslos; Vermehrung durch Aussaat, keimt erst bei Temperaturen unter 12 °C
Verwendung: Man kann den ganzen Winter hindurch mehrfach ernten, wenn man die Blätter nicht zu tief abschneidet. Junge Blätter verwendet man samt Stängel roh oder gekocht, die älteren, derben Blätter nur gekocht. Sie schmecken ähnlich wie Feldsalat bzw. Spinat. Die frischen Blätter würzen Salate, Gemüsegerichte, Suppen, Quark- und Eierspeisen, ergeben aber auch einen schmackhaften Salat. Kurz gedünstet ergibt sich ein spinatähnliches Gemüse.

Erntezeit:
ganzjährig
Blütezeit:
Juli – Sept.

Strauch oder Baum

Murraya koenigii

Curryblatt

Anderer Name: Curry-Orangenraute
Familie: Rautengewächse (*Rutaceae*)
Herkunft: Südostasien; tropische Gehölze
Aussehen: locker buschiger Strauch oder kleiner Baum, bis 2 m hoch und breit, in Gefäßkultur meist kleiner; immergrüne, unpaarig gefiederte, glänzend grüne Blätter ähnlich wie Lorbeer, verströmen bei Berührung einen intensiven Duft; die weißen, sternförmigen Blüten ähneln Orangenblüten, sie stehen in endständigen Büscheln; schwarze Beerenfrüchte
Standort: sonnig bis halbschattig und warm; leicht saure, nicht zu leichte Erde, am besten spezielles Zitruspflanzensubstrat
Pflege: reine Kübelpflanze; stets leicht feucht halten, im Sommer regelmäßig düngen; hell bei 10–15 °C überwintern; im Frühjahr zurückschneiden; Vermehrung durch Ausläufer
Verwendung: Blätter vorzugsweise frisch verwenden, getrocknet verlieren sie ihr Aroma; zum Würzen für asiatische Gerichte, Fleisch, Fisch, Gemüse oder Chutneys; verdauungsfördernd, auch als Umschlag bei Hautausschlägen

Erntezeit:
April – Dez.
Blütezeit:
Mai – Juli

Staude

Myrrhis odorata

Süßdolde ✿

Anderer Name: Myrrhenkerbel
Familie: Doldenblütler (*Apiaceae*)
Herkunft: Südeuropa; auf alpinen Waldwiesen
Aussehen: bis 2 m hoch, locker buschig; farnartig geteilte, große, weich behaarte Blätter; cremefarbene, kleine Blüten in flachen Dolden; lange, sichelförmige, dunkle Samen
Standort: halbschattig; humusreiche, durchlässige Böden
Pflege: anspruchslos; Vermehrung durch Teilung
Verwendung: frische Blätter und Wurzeln als Gemüse oder als Gewürz zu Suppen und Eintöpfen; Samen (grün oder vollreif) als Würze und natürliche Süße in Müsli, Kompott und Obstsalat, vor allem zu sauren Früchten wie Johannis- oder Stachelbeeren, ausgereifte Samenkörner zur Würze von Kräuterlikören; Blätter und Samen als Zusatz zu Fruchtsäften oder zum Einkochen von Früchten; das Kauen der Samen bzw. Wurzelstückchen erfrischt den Atem; die zerquetschten, grünen Samen ergeben eine Möbelpolitur
Hinweis: Die Pflanze duftet und schmeckt süß nach Anis.

Erntezeit: *ganzjährig*
Blütezeit: *Juni – Okt.*

Strauch

Myrtus communis

Brautmyrte

Anderer Name: Gewöhnliche Myrte
Familie: Myrtengewächse (*Myrtaceae*)
Herkunft: Südosteuropa, Zentralasien; Hartlaubgebüsche
Aussehen: bis 2 m hoher, buschiger Strauch; immergrüne, eiförmige bis oval-zugespitzte, ledrige Blättchen, oberseits glänzend dunkelgrün, unterseits matt; weiße, duftende Blüten mit pinselförmigen Staubblättern; schwarzblaue Beeren
Standort: sonnig bis halbschattig; durchlässige, leicht saure Erde, am besten Kübelpflanzensubstrat verwenden
Pflege: Gefäßkultur; Staunässe und Austrocknung unbedingt vermeiden; während der Wachstumszeit regelmäßig düngen; im Frühjahr nach Bedarf zurückschneiden; hell und kühl bei 5–10 °C überwintern; Vermehrung durch Stecklinge
Verwendung: Blätter und Früchte ähnlich wie Rosmarin oder Wacholder frisch zu Eintöpfen, Suppen, Fleisch- und Wildgerichten, für sardische und korsische Gerichte und Bouillabaisse, auch zum Räuchern oder auf dem Grill, für Likör; Zweige für Sträuße und Gestecke, auch für Brautkränze

Erntezeit: *ganzjährig*
Blütezeit: *Mai – Sept.*

Staude

Nasturtium officinale

Brunnenkresse

Andere Namen: Bachkresse, Wasserkresse
Familie: Kreuzblütler (*Brassicaceae*)
Herkunft: West- und Mitteleuropa; Bach- und Quellfluren
Aussehen: Stängel kriechend bis aufsteigend, bis 70 cm lang; Blätter rundlich, unpaarig gefiedert; Blüten weiß, in Doldentrauben
Standort: halbschattig und feucht; auf nahrhaften Böden
Pflege: Wasser sollte ständig etwa 1 cm über der Erde stehen; Oberfläche häufiger auflockern, um Algenbildung zu vermeiden; ein Rückschnitt fördert den buschigen Wuchs; bei der Aussaat Samen nass halten
Verwendung: Das junge Kraut und die senfölhaltigen Samen werden nur frisch verwendet. Sie geben Salaten, Quark, Eierspeisen, Kartoffeln oder Fisch einen scharf-bitteren Geschmack. Auch aufs Butterbrot schmecken sie gut. Sie sind harntreibend und eignen sich für Frühjahrskuren, als Magenmittel und bei Stoffwechselstörungen. Die Samen kann man zum Würzen als Pfefferersatz verwenden.

Erntezeit:
Juni – Nov.
Blütezeit:
Juli – Sept.

Staude

Nepeta cataria

Gewöhnliche Katzenminze ✿

Familie: Lippenblütler (*Lamiaceae*)
Herkunft: Südosteuropa, Westasien; Äcker, Wegränder
Aussehen: aufrecht, bis 1 m hoch; Stängel vierkantig, leicht behaart, mit graugrünen, gezähnten, ovalen Blättern; rosaweiße Röhrenblüten in dichten Scheinquirlen
Standort: sonnig bis halbschattig; auf durchlässigen, nahrhaften Böden
Pflege: anspruchslos und winterhart; nach der ersten Blüte zurückschneiden, um eine zweite Blüte anzuregen; Aussaat im zeitigen Frühjahr; nach der Blüte teilen
Verwendung: Die jungen Blätter, Triebe und Blüten ergänzen frisch oder getrocknet Suppen und Saucen. Die Blüten eignen sich als Würze und für Tee. Der Tee hilft bei Erkältungen und Husten. Bei nervösen Störungen wirkt er ähnlich beruhigend wie Melissentee.
Hinweis: Beim Zerreiben entwickelt sich ein intensiver Duft nach Minze. Katzen sind ganz verrückt nach der Pflanze, wälzen sich darin und fressen die Blätter.

Erntezeit:
Mai – Sept.
Blütezeit:
Juli – Sept.

einjährig

Nigella sativa

Echter Schwarzkümmel ✿

Anderer Name: Römischer Kümmel
Familie: Hahnenfußgewächse (*Ranunculaceae*)
Herkunft: Westasien, Nordafrika; steinige Plätze, Äcker
Aussehen: zierlich und aufrecht, bis 30 cm hoch; Blätter 3-fach fiederteilig; Blüten blassblau bis weiß, mit einer „Halskrause" aus Hochblättern; Balgfrüchte mit schwarzen Samen
Standort: sonnig; auf durchlässigen, humosen Gartenböden
Pflege: anspruchslos, nicht düngen; im zeitigen Frühjahr unter Glas aussäen, im Spätfrühling direkt ins Freiland
Verwendung: Die reifen Balgfrüchte werden zerdrückt, gesiebt und die Samen getrocknet. Mit rauchig-scharfem Geschmack würzen sie ganz oder gemahlen Brot, Saucen, Currys, Fleisch- und Fischgerichte. Als Tee wirken sie gegen Blähungen und sind gut für Magen und Darm.
Arten/Sorten: Der Echte Schwarzkümmel ist leicht mit der Jungfer im Grünen (*N. damascena*) zu verwechseln, die man allerdings weder als Heil- noch als Würzkraut verwenden kann und nur zu Zierzwecken zieht.

Erntezeit:
ganzjährig
Blütezeit:
Juni – Sept.

Halbstrauch

Ocimum-Hybriden

Strauch-Basilikum

Familie: Lippenblütler (*Lamiaceae*)
Herkunft: tropisches Asien und Afrika
Aussehen: bis 1 m hoch, aufrecht, buschig; je nach Art und Sorte grüne, purpurne, auch metallisch glänzende Blätter mit gesägtem Rand; Blüten weiß, rosa oder purpurn, in langen, kerzenförmigen Blütenständen; sehr intensiver Duft
Standort: sonnig und warm; nahrhafte, leichte Böden
Pflege: Gefäßkultur ist ratsam; gleichmäßig leicht feucht halten; im Frühjahr kräftig zurückschneiden; Überwinterung hell bei 15–20 °C; Vermehrung durch Stecklinge
Verwendung: Die jungen Blätter und Triebspitzen schmecken ähnlich wie gewöhnliches Basilikum. Sie sind zwar herber und pfeffriger, lassen sich aber ebenso verwenden.
Arten/Sorten: Angeboten werden Hybriden wie 'African Blue', 'Magic Blue' mit violetten Blättern oder 'Magic White' mit weißen Blüten (→ Abb.), 'Wildes Purpur' mit metallisch blau überlaufenem Laub; Nelken- oder Baum-Basilikum (*O. gratissimum*) entwickelt lindgrüne Blätter und gelbe Blüten.

Erntezeit:
April – Okt.
Blütezeit:
Juni – Sept.

einjährig

Ocimum americanum

Zitronen-Basilikum

Andere Namen: Frucht-Basilikum, Lemon-Basilikum
Familie: Lippenblütler (*Lamiaceae*)
Herkunft: tropisches Amerika
Aussehen: bis 60 cm hoch, dicht buschig; ovale, zugespitzte, ganzrandige, zarte und frischgrüne Blätter; weiße bis hellrosa Lippenblüten in den Blattachseln
Standort: sonnig und warm; nahrhafter, leichter Boden
Pflege: Gefäßkultur ratsam; gleichmäßig leicht feucht halten; Vermehrung durch Aussaat (Lichtkeimer)
Verwendung: junge Blätter und Triebspitzen frisch, ähnlich wie das gewöhnliche Basilikum, am besten zu Süßspeisen und in Salaten verwenden; frisch oder getrocknet ergeben sie einen erfrischenden Tee, der bei Magen-Darm-Beschwerden hilft; zur Aromatisierung von Öl oder Essig geeignet
Arten/Sorten: Die Sorte 'Lime' hat besonders intensives Limettenaroma. Über Zitronenaroma verfügt auch *O. basilicum* 'Sweet Dani'. Das thailändische Zitronen-Basilikum (*O. citriodorum*) duftet dagegen mehr nach Melisse.

Erntezeit:
April – Okt.
Blütezeit:
Juli – Sept.

einjährig

Ocimum basilicum

Echtes Basilikum

Andere Namen: Königskraut, Basilienkraut
Familie: Lippenblütler (*Lamiaceae*)
Herkunft: Tropen Afrikas und Asiens
Aussehen: 15–60 cm hoch, dicht buschig; Blätter eiförmig bis länglich zugespitzt, ganzrandig oder gesägt; Blüten weiß bis rosa, in Scheinquirlen
Standort: sonnig, warm, windgeschützt; fruchtbare, durchlässige, frische Böden; gedeiht auch auf der Fensterbank
Pflege: regelmäßig gießen; Schutz vor Spätfrösten und Schnecken ist ratsam; Vermehrung durch Aussaat
Verwendung: Blätter frisch zu Kräuterbutter, Saucen, Salaten, Gemüse, Suppen, Fleisch, Fisch und Nudelgerichten, zu Süßspeisen und für Sorbet; der Teeaufguss lindert Blähungen und hilft als Gurgelmittel bei Halsschmerzen; als Badezusatz
Arten/Sorten: 'Dark Opal' (dunkelviolette Triebe und Blätter), 'Genoveser' (besonders große Blätter), 'Minimum' (Bubikopf-Basilikum, Zwergsorte mit besonders kleinen Blättern); als Thai-Basilikum gibt es Auslesen mit süßlichem Anisaroma

Erntezeit:
April – Okt.
Blütezeit:
Juni – Sept.

Staude

Ocimum tenuiflorum

Kleines Basilikum

Andere Namen: Tulsi, Tulassi, Heiliges Basilikum, Königs-Basilikum, *O. sanctum*
Familie: Lippenblütler (*Lamiaceae*)
Herkunft: tropisches Asien
Aussehen: bis 70 cm hoch, aufrecht, dicht buschig; Blätter elliptisch, zugespitzt und mit gesägtem Rand, gegenständig angeordnet; Blüten weiß, rosa oder purpurn, in langen kerzenförmigen Blütenständen; intensiver Duft
Standort: sonnig, warm; auf nahrhaften, leichten Böden
Pflege: Gefäßkultur ist ratsam; gleichmäßig leicht feucht halten; im Frühjahr kräftig zurückschneiden; Überwinterung hell bei 15–20 °C; Vermehrung durch Stecklinge
Verwendung: Blätter und Triebspitzen mit kräftig würzigem Geschmack, z. B. für asiatische Wok- oder Curry-Gerichte, roh als Salatbeigabe; ayurvedische Heilpflanze, die in Form von Tee, Extrakt oder frisch verzehrt die Verdauung fördert, das Immunsystem stärkt und sich gegen Stress bewährt hat
Hinweis: wird in verschiedenen Religionen verehrt

Erntezeit:
April – Jan.
Blütezeit:
Juni – Sept.

zweijährig

Oenothera biennis

Gewöhnliche Nachtkerze ✿

Andere Namen: Schlafende Jungfrau, Nachtlicht, Rapontika, Schinkenwurz, Eisenbahnblume
Familie: Nachtkerzengewächse (*Onagraceae*)
Herkunft: Nordamerika, Europa; Straßen- und Wegränder, Böschungen, Bahndämme, Ödland
Aussehen: bis 1 m hoch; Stängel aufrecht, oft rot überlaufen; Blätter verkehrt eiförmig; Blüten schwefelgelb, duftend, öffnen sich erst abends; längliche, vierkantige Früchte
Standort: sonnig; auf normalen Böden
Pflege: sehr anspruchslos; Vermehrung durch Aussaat
Verwendung: die frischen Blätter im Frühjahr als Gemüse; die Blüten zur Garnierung, zum Kandieren oder zu Salaten; die rosafarbene Wurzel im Herbst frisch als Kochgemüse ähnlich wie Schwarzwurzeln; die getrockneten Blätter als Tee gegen Durchfall; frische Samen als Breiumschlag bei Juckreiz und Hautausschlägen; schöne Zierpflanze
Hinweis: Aus den Samen presst man ein sehr hochwertiges Öl, das als Nahrungsmittel und in der Kosmetik eingesetzt wird.

Erntezeit:
Juni – Okt.
Blütezeit:
Juli – Sept.

Halbstrauch

Origanum dictamnus

Diptam-Dost

Andere Namen: Kreta-Oregano, Kreta-Majoran, Kretischer Diptam
Familie: Lippenblütler (*Lamiaceae*)
Herkunft: Mittelmeerraum, besonders Kreta; steinige Hänge
Aussehen: breitbuschig, 15–30 cm hoch; Blätter wintergrün, silbrig behaart; Blüten rosa, mit grünen bis violetten Tragblättern, in hängenden Ähren
Standort: sonnig; auf durchlässigen, eher trockenen, am besten sandigen Böden; für Gefäßkultur geeignet
Pflege: Rückschnitt jederzeit möglich; sparsam gießen; frostfrei, aber kühl und hell überwintern; Aussaat im Frühjahr
Verwendung: Die krautigen Teile (Blätter und Triebspitzen) werden in der Blütezeit gesammelt und getrocknet. Die Blätter schmecken wie Majoran, aber milder und passen zu mediterranen Speisen und zu Gemüsegerichten. Die Blüten eignen sich zum Garnieren. Die krautigen Teile ergeben einen herben Tee. Getrocknet finden sie in Duftkissen und -schalen Verwendung. Die Pflanze eignet sich für Ampeln.

Erntezeit:
Mai – Okt.
Blütezeit:
Juni – Sept.

Staude

Origanum majorana

Majoran ✿

Andere Namen: Wurstkraut, *Majorana hortensis*
Familie: Lippenblütler (*Lamiaceae*)
Herkunft: Mittelmeerländer; Hänge, Gebüsche
Aussehen: buschig, bis 50 cm hoch; mit vierkantigem Stängel; Blättchen klein, eiförmig, leicht klebrig; Blüten klein, weiß, lila oder rosa, unter graugrünen Hochblättern
Standort: sonnig; leichte, durchlässige, nährstoffreiche Böden
Pflege: anspruchslos; Aussaat mit Vorkultur ab März, Direktsaat ins Freiland ab Mai, nur dünn mit Erde bedecken; jährlich den Standort wechseln
Verwendung: Geerntet werden die Triebspitzen. Vor und während der Blüte ist die Würzkraft am höchsten. Zur Trocknung schneidet man das Kraut vor der Blüte. Frisch oder getrocknet würzt Majoran Fleisch- und Kartoffelgerichte, Eintöpfe und Aufläufe. Der Tee hilft bei Magen-Darm-Beschwerden, Blähungen und Kopfschmerzen. Ein Badezusatz wirkt krampflösend und bei Rheuma wohltuend. Im Kräuterkissen fördert Majoran den Schlaf.

Erntezeit:
Mai – Sept.
Blütezeit:
Mai – Sept.

Halbstrauch

Origanum onites

Französischer Majoran

Andere Namen: Blatt-Majoran, Spanischer Hopfen
Familie: Lippenblütler (*Lamiaceae*)
Herkunft: Sizilien, Balkan, Ägäische Inseln; trockene, felsige Standorte
Aussehen: buschig, bis 60 cm hoch; drahtige, behaarte Stängel mit ovalen oder herzförmigen Blättern; rotviolette Lippenblüten in flachen, von vielen Hochblättern umgebenen Büscheln; duftet aromatisch
Standort: sonnig; auf gut durchlässigen, eher trockenen und kargen Böden
Pflege: im Frühjahr zurückschneiden; verträgt keine Staunässe; die Vermehrung erfolgt über Stecklinge
Verwendung: Die Blättchen kann man nach Bedarf pflücken oder die krautigen Teile trocknen. Das stark aromatische, thymianähnliche Gewürz schmeckt gut auf Pizza, in Nudelsaucen oder anderen mediterranen Speisen. Der Tee wirkt bei Magen-Darm-Beschwerden sowie bei Husten und Bronchitis.
Arten/Sorten: 'Aureum' hat goldgrüne Blätter und rosa Blüten.

Erntezeit:
Mai – Okt.
Blütezeit:
Juli – Sept.

Staude

Origanum vulgare

Oregano ✿

Andere Namen: Wilder Majoran, Dost, Stauden-Majoran
Familie: Lippenblütler (*Lamiaceae*)
Herkunft: Südeuropa, Nordafrika, Teile Asiens; trockene, warme Lagen
Aussehen: dicht buschig, bis 50 cm hoch; mit eiförmigen, behaarten Blättchen; rosa oder weiße Blüten in Trugdolden
Standort: sonnig; auf trockenen, durchlässigen Böden
Pflege: neigt zum Wuchern, im Frühling zurückschneiden; in rauen Lagen ist Winterschutz ratsam; Vermehrung über Aussaat ab April oder über Teilung
Verwendung: Blätter und Triebspitzen werden nach Bedarf frisch gezupft oder zur Zeit der Blüte geerntet und getrocknet. Sie würzen z. B. Nudelgerichte und Pizza. Die Blüten eignen sich zur Garnierung. Der Tee hilft bei Magen-Darm-Störungen.
Hinweis: sehr gute Bienenweide
Arten/Sorten: 'Compactum' bleibt niedrig; Griechischer Oregano (*O. vulgare* ssp. *hirtum, O. heracleoticum*) schmeckt wie Thymian

Erntezeit:
ganzjährig
Blütezeit:
Juni – Aug.

Zwiebel-pflanze

Ornithogalum longibracteatum

Meerzwiebel

Anderer Name: *O. caudatum*
Familie: Hyazinthengewächse (*Hyacinthaceae*)
Herkunft: Südafrika; Grasland
Aussehen: aufrecht, 50–70 cm hoch, mit großer Zwiebel; Blätter schmal, überhängend; Blüten weiß-grün gestreift, sternförmig, in Trauben
Standort: sonnig bis halbschattig; auf gut wasserdurchlässigen Böden; auch als Topfkultur
Pflege: Zwiebeln nur bis zur Hälfte in Substrat pflanzen; im Sommer reichlich gießen, gelegentlich düngen, im Winter sparsam gießen; kühl (10 °C) und hell überwintern
Verwendung: Die Verwendung ist ähnlich wie bei *Aloe vera* (→ Seite 43). Zur Behandlung von Warzen oder Hornhaut werden die zerstampften Blätter in ein Tuch eingewickelt und auf die betroffene Stelle aufgelegt. Die Pflanze soll auch bei Rheuma und Gicht helfen.
Hinweis: Nicht auf offenen Wunden anwenden! Der Saft kann Hautreizungen hervorrufen.

Erntezeit:
Juni – Juli
Blütezeit:
Juli – Aug.

Staude

Orthosiphon aristatus

Indischer Nierentee

Andere Namen: Katzenbart, Javatee
Familie: Lippenblütler (*Lamiaceae*)
Herkunft: Südostasien bis Australien, tropisches Amerika
Aussehen: locker buschig, 40–80 cm hoch; Stängel vierkantig; Blätter länglich, gezähnt, unterseits graugrün; Blüten hellblau bis violett, mit langen, weit hervorragenden Staubgefäßen; duftet aromatisch
Standort: sonnig bis halbschattig; auf durchlässigen, nahrhaften Böden; auch als Gefäßkultur
Pflege: Rückschnitt nach Bedarf; im Sommer düngen; hell und mäßig warm überwintern; Vermehrung über Stecklinge
Verwendung: Die Blätter und Stängelspitzen werden kurz vor der Blüte geerntet, getrocknet und als Tee oder Kaltauszug zur Entwässerung und bei verschiedenen Blasen- und Nierenerkrankungen eingesetzt. Der Pflanze wird eine leicht krampflösende Wirkung zugeschrieben.
Hinweis: in Schwangerschaft und Stillzeit nur nach Rücksprache mit dem Arzt verwenden; Überdosierungen vermeiden

Erntezeit:
März – Mai
Blütezeit:
April – Mai

Staude

Oxalis acetosella

Waldsauerklee ✿

Andere Namen: Kuckuckskraut, Hasenbrot
Familie: Sauerkleegewächse (*Oxalidaceae*)
Herkunft: Nordhalbkugel; Wälder, Gebüsche
Aussehen: bis 10 cm hoch; mattenbildend; mit kleeblattartigen, dreigeteilten Blättern, die in der Sonne und nachts zusammenklappen; weiße, purpurn geaderte Blüten
Standort: schattig bis halbschattig; humoser, saurer Boden
Pflege: am richtigen Standort anspruchslos; Vermehrung durch Aussaat
Verwendung: junge, säuerlich schmeckende Blätter im Frühjahr frisch zu Salaten, Suppen, Saucen, Fisch- und Gemüsegerichten, getrocknet oder frisch mit Zucker gemischt als Gewürz; die Blüten eignen sich als Garnierung
Hinweis: Sauerklee sollte nur in kleinen Mengen genossen werden, in hoher Dosierung kann er schädlich wirken.
Arten/Sorten: Hornsauerklee (*O. corniculata*) und Aufrechter Sauerklee (*O. stricta*), beide mit gelben Blüten, erscheinen oft von selbst in Gärten und können ebenso verwendet werden.

Erntezeit:
Mai – Sept.
Blütezeit:
Juni – Sept.

Strauch

Pelargonium × graveolens

Rosen-Pelargonie ✲

Familie: Storchschnabelgewächse (*Geraniaceae*)
Herkunft: Küstenregionen Südafrikas
Aussehen: bis 1 m hoch, locker buschig; Blätter gelappt, stark behaart; Blüte rosa bis violett, in Dolden
Standort: sonnig; auf gut durchlässigen, leichten Böden; Gefäßkultur in nahrhaftem Substrat ist ratsam
Pflege: frostempfindlich, sehr hell und mäßig warm oder hell und sehr kühl (um 10 °C) überwintern, dabei sparsam gießen; Vermehrung durch Stecklinge
Verwendung: Blätter sparsam verwenden, zum Aromatisieren von Pudding, Gelee, Konfitüre, Früchten sowie Apfel- und Birnenkompott, Sirup, Tee, Bowle und zu Saucen; Blüten in Salaten und als Garnierung; für Potpourris, Duftkissen, florale Dekorationen; als Gesichtsdampfbad und Badezusatz geeignet
Arten/Sorten: Rosenduft-Pelargonie (*P. capitatum*), Zitronenduft-Pelargonie (*P. crispum* bzw. *P. × citrosum*), Apfelduft-Pelargonie (*P. odoratissimum*); Balsamduft-Pelargonie (*P. radens*, Rosenduft); *P. × fragrans* (Muskataroma)

Erntezeit:
Mai – Sept.
Blütezeit:
Juni – Sept.

Halbstrauch

Pelargonium tomentosum

Pfefferminz-Pelargonie ✿

Familie: Storchschnabelgewächse (*Geraniaceae*)
Herkunft: Südafrika; Küstenregionen
Aussehen: bis 1 m hoch; breitwüchsig; Blätter groß, oval, stark behaart, samtig-weich, verströmen bei Berührung einen starken Minzeduft; weiße Blüten in Dolden
Standort: halbschattig; auf durchlässiger Erde; Gefäßkultur in nahrhaftem Substrat wird empfohlen
Pflege: laufend Triebspitzen abkneifen; während der Wachstumszeit reichlich gießen und düngen; hell bei 15 °C überwintern; Vermehrung durch Stecklinge
Verwendung: Blätter frisch oder getrocknet, für Desserts, Tees, zur Aromatisierung von Konfitüren, Gelees, Getränken, zum Verfeinern von Hülsenfrüchten oder Fleischgerichten; für Potpourris oder Duftsäckchen; als belebender Badezusatz
Hinweis: Hält angeblich lästige Insekten, vor allem Stechmücken, fern.
Arten/Sorten: Bei 'Chocolate Mint' tragen die Blätter eine dunkle Zeichnung und duften wie Pfefferminzschokolade.

Erntezeit:
Mai – Sept.
Blütezeit:
Sept.

einjährig

Perilla frutescens var. *frutescens*

Roter Shiso ✲

Andere Namen: Beefsteak Plant, Akashiso, Chiso, Schwarznessel
Familie: Lippenblütler (*Lamiaceae*)
Herkunft: Himalaja bis Ostasien
Aussehen: buschig, bis 1,5 m hoch; mit großen, roten Blättern, am Rand gewellt und tief gesägt; ährenartige Blütenstände mit kleinen, rötlichen oder weißen Blüten
Standort: sonnig oder halbschattig; auf feuchten, durchlässigen Böden
Pflege: anspruchslos; Aussaat ab März unter Glas bei 20 °C, Ende Mai nach draußen pflanzen
Verwendung: Die ganzen jungen Blätter, Blattstücke und die Blüten würzen Fischgerichte (z. B. Sushi), Nudelsuppen und Frühlingsrollen. Sie wirken lindernd bei Erkältungen und Magenverstimmungen. Die gesalzenen Samen sind ein leckerer Snack.
Arten/Sorten: Ähnlich wird auch Grüner Shiso (*P. frutescens* var. *nankinensis*) verwendet.

Erntezeit:
Mai – Okt.
Blütezeit:
Aug. – Okt.

Halbstrauch

Perovskia atriplicifolia

Russischer Salbei

Andere Namen: Silber-Perowskie, Blauraute, Silberstrauch
Familie: Lippenblütler (*Lamiaceae*)
Herkunft: Zentralasien; Steppen, Wälder
Aussehen: bis 1,5 m hoher, locker buschiger, leicht sparriger Halbstrauch; dicht grauweiß flaumige Triebe mit filigranem, grausilbrigem Laub; blauviolette Blütchen in bis zu 30 cm langen, schlanken Ähren; sie duften bei Berührung aromatisch
Standort: sonnig und warm; lockere, eher trockene Böden
Pflege: Winterschutz ratsam; im Frühjahr kräftig zurückschneiden; Vermehrung durch Stecklinge
Verwendung: Blätter mit intensivem, salbeiartigem Duft und stark harzigem, herbem Aroma, eignen sich frisch ähnlich wie Salbei als Würze für Gemüse, Fleisch, Fisch und Eintöpfe. In Russland stellt man aus den getrockneten Blättern Kräutertabak her. Blätter und Blüten lassen sich gut floristisch verwenden, etwa für Trockensträuße oder für Potpourris.
Arten/Sorten: 'Little Spire' wächst kompakt, 'Blue Spire' trägt leuchtend blaue Blüten.

Erntezeit:
ganzjährig
Blütezeit:
Juli – Aug.

Staude

Persicaria odorata

Vietnamesischer Koriander

Andere Namen: Wohlriechender Knöterich, Vietnamesisches Basilikum, *Polygonum odoratum*
Familie: Knöterichgewächse (*Polygonaceae*)
Herkunft: Südostasien; feuchte Stellen
Aussehen: bis 40 cm hoch, buschig, niederliegend bis hängend; Stängel lang, knotig gegliedert; Blätter länglich elliptisch, spitz zulaufend; Blüten unscheinbar, schmutzig rosa bis grünlich; duftet stark nach Koriander und Zitrone
Standort: sonnig bis halbschattig und warm; Kultur nur in Gefäßen, durchlässiges, nährstoffarmes, sandig-humoses Substrat verwenden; auf der Fensterbank oder im Wintergarten, im Sommer auch an geschützter Stelle im Freien
Pflege: stets leicht feucht halten; im Sommer nach Bedarf zurückschneiden; nicht winterhart, im Winter hell und kühl stellen bei 5 °C; Vermehrung durch Stecklinge oder Teilung
Verwendung: frische Blätter und Triebe zur Würze für asiatische Gemüse-, Eier- und Fleischgerichte, aber auch für Suppen, insbesondere die malaysische Nudelsuppe Laksa

Erntezeit:
März – Okt.
Blütezeit:
Juni – Juli

zweijährig

Petroselinum crispum

Petersilie

Andere Namen: Peterling, Suppenkraut, Federselli
Familie: Doldenblütler (*Apiaceae*)
Herkunft: südöstlicher Mittelmeerraum
Aussehen: buschig, bis 50 cm hoch, mit heller Pfahlwurzel; Stängel kantig, verzweigt; Blättchen dunkelgrün, verschiedenartig gefiedert; Blüten grünlich gelb, in Doppeldolden
Standort: halbschattig; humusreicher, feuchter Boden
Pflege: braucht viel Wasser; Vermehrung durch Aussaat
Verwendung: wenn das Kraut im zweiten Jahr blüht, werden die Blätter ungenießbar, nun kann man die Wurzel ernten; Blätter oder Wurzel frisch zu Saucen, Salaten, Quark, Kräuterbutter, Suppen und Eierspeisen, Gemüse, Fleisch und Fisch; zum Garnieren; in der Volksmedizin zur Blutreinigung und zur Behandlung von Erkrankungen der Harnwege
Hinweis: Heilanwendungen nicht in der Schwangerschaft
Arten/Sorten: Glattblättrige Petersilie, z. B. die Sorte 'Gigante d'Italia', schmeckt intensiver. Eine mild-aromatische, krausblättrige Sorte ist z. B. 'Mooskrause'.

Erntezeit:
Juli – Sept.
Blütezeit:
Juli – Aug.

einjährig

Pimpinella anisum

Anis

Andere Namen: Süßer Kümmel, Brotsamen, Runder Fenchel
Familie: Doldenblütler (*Apiaceae*)
Herkunft: östlicher Mittelmeerraum
Aussehen: aufrecht, bis 50 cm hoch; Stängel hohl, gerillt; Grundblätter ungeteilt, mittlere Blätter gefiedert, obere dreiteilig und tief eingeschnitten; weiße Blütendolden; zweiteilige Spaltfrucht
Standort: sonnig und windgeschützt; sandig-lehmige Böden
Pflege: leicht mit Algenkalk düngen; Aussaat ab Ende März ins Freiland (Dunkelkeimer)
Verwendung: Die jungen Blätter passen zu Salaten. Die Blüten sind eine hübsche Garnierung. Die Früchte erntet man, wenn sie braun werden und verwendet sie zum Backen, für Suppen, Saucen und Currygerichte. Die Samen verleihen Likör ein markantes Anisaroma und werden als Gewürz genutzt. Anistee hilft bei Blähungen und gegen Husten.
Hinweis: häufiges Gewürz der griechischen und römischen Küche

Erntezeit:
ganzjährig
Blütezeit:
Juni – Sept.

Strauch

Piper auritum

Mexikanischer Blattpfeffer

Anderer Name: Hoja Santa („heiliges Blatt")
Familie: Pfeffergewächse (*Piperaceae*)
Herkunft: tropisches Mittelamerika; Wälder
Aussehen: wächst locker buschig bis sparrig und wird bis 3 m hoch; bis 25 cm lange, große, herzförmige Blätter mit leicht behaarter Unterseite; winzige, cremeweiße Blüten wachsen in Ähren in den Blattachseln
Standort: sonnig bis halbschattig; auf feuchten, humusreichen Böden; Pflanze immer ausreichend warm halten (Topfkultur erforderlich)
Pflege: nicht frosthart, bei mindestens 10 °C und hell überwintern; kann kräftig zurückgeschnitten werden; Vermehrung über Ableger
Verwendung: Die aromatischen Blätter passen zu Saucen und Salat und eignen sich zum Füllen von Fleisch und Fisch. Die Pflanze wird als Würze in Kakaogetränken verwendet.
Arten/Sorten: Der Thailändischer Blattpfeffer (*P. sarmentosum*) kann ähnlich verwendet werden.

Erntezeit:
Mai – Okt.
Blütezeit:
Juni – Sept.

zweijährig

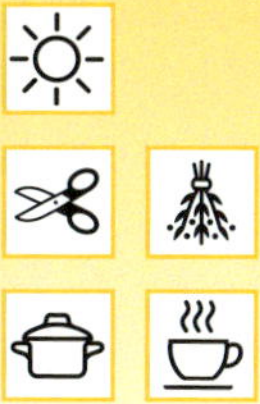

Plantago coronopus

Hirschhorn-Wegerich

Andere Namen: Krähenfuß-Wegerich, Schlitz-Wegerich, Kapuzinerbart
Familie: Wegerichgewächse (*Plantaginaceae*)
Herkunft: Europa, Nordafrika; Küstengebiete
Aussehen: bis 40 cm hoch, buschig; mit langen, schmalen, zerschlitzten Blätter in grundständiger Rosette; unscheinbare, grünlich braune Blüten in schlanken Ähren
Standort: sonnig; auf sandigen oder humosen Böden; auch für Topfkultur geeignet
Pflege: anspruchslos; Vermehrung durch Aussaat
Verwendung: Blätter laufend abschneiden, nur frisch verwenden, roh als pikante, leicht bittere Würze in Salaten und Gemüsegerichten, kurz gekocht als Gemüse; aus Blättern gepresster Saft oder Tee dient zur Blutreinigung und hilft bei Magen-Darm-Beschwerden und Erkrankungen der Atemwege
Hinweis: Hirschhorn-Wegerich ist vor allem in Italien bekannt. Dort wird er in Mischsalaten („misticanza“) verwendet oder als Blattgemüse („minutina o erba stella“) zubereitet.

Erntezeit:
März – Sept.
Blütezeit:
Mai – Sept.

Staude

Plantago lanceolata

Spitzwegerich ✲

Andere Namen: Heil-Wegerich, Schafzunge, Siebenrippe
Familie: Wegerichgewächse (*Plantaginaceae*)
Herkunft: auf der gesamten Nordhalbkugel; Wiesen, Weiden, Wegränder, Schuttplätze
Aussehen: bis 20 cm hoch; bildet Rosetten aus lanzettlichen, schmalen, markant längs geäderten Blättern; bräunliche Blütenähren an langen Stängeln mit weit herausragenden weißen Staubbeuteln
Standort: sonnig bis halbschattig; leichte bis schwere Böden
Pflege: anspruchsloses Wildkraut; Vermehrung durch Teilen oder über Tochterrosetten
Verwendung: Die jungen Blätter werden frisch in Salaten und Suppen eingesetzt. Die Blütenknospen erntet man von Mai bis Juni. Sie erinnern im Geschmack an Pilze. Man verwendet sie als Würze oder zum Einlegen sowie gebraten als Beilage. Aufgrund des Gehaltes an Schleimpolysacchariden ist Spitzwegerich ein gutes Hustenmittel. Die zerdrückten Blätter helfen auch bei Insektenstichen und fördern die Wundheilung.

Erntezeit:
ganzjährig
Blütezeit:
Juli – Aug.

Strauch

Plectranthus amboinicus

Jamaikathymian

Andere Namen: Spanischer Thymian, Mexikanischer Oregano, *Coleus amboinicus*
Familie: Lippenblütler (*Lamiaceae*)
Herkunft: tropisches Asien
Aussehen: aufrecht buschig, bis 40 cm hoch; Blätter immergrün, fleischig, sukkulent, eiförmig, behaart und glänzend, mit gekerbtem Rand; rosa Blüten in langen Ähren
Standort: sonnig; durchlässige, humose, kalkhaltige Böden
Pflege: die Haupttriebe entspitzen, dann verzweigen sie sich schöner; Topfkultur ist ratsam; bei 15–20 °C hell überwintern; Vermehrung über Stecklinge
Verwendung: Die Blätter besitzen ein mildes Thymianaroma. Sie werden nur frisch zu Salaten, zum Würzen von Fisch, Gemüse und Getränken und zum Garnieren verwendet. Die Pflanze wird zur Parfümherstellung genutzt. Sie ist eine hübsche Zierpflanze für Balkonkästen.
Arten/Sorten: Die Sorte 'Tansania' bildet größere, besonders zarte Blätter, 'Variegatus' trägt weißbuntes Laub.

Erntezeit:
April – Okt.
Blütezeit:
Juni – Okt.

Halbstrauch

Poliomintha longiflora

Mexikanischer Oregano

Andere Namen: Strauchoregano, Rosmarinminze
Familie: Lippenblütler (*Lamiaceae*)
Herkunft: Südliches Nordamerika; trockene Gebüsche, Steppen, Halbwüsten
Aussehen: bis 80 cm hoher, dicht buschiger Halbstrauch; immergrüne, kleine eiförmige Blätter mit kräftigem Duft nach Orangen und Pfeffer; zahlreiche, über die Zweige verteilte, 3–4 cm lange, schlanke Lippenblüten, zunächst weiß, dann rosa bis fliederfarben im Abblühen
Standort: sonnig und warm; lockeres Substrat; Gefäßkultur
Pflege: eher trocken halten, wenig düngen; hell bei 10–15 °C überwintern; Vermehrung durch Stecklinge
Verwendung: Blätter frisch oder getrocknet mit sehr intensivem Oreganoaroma, getrocknet und gemahlen auch als Ersatz für Schwarzen Pfeffer; passt gut zu Fisch, Geflügel, Lamm oder Steaks, zu Nudelgerichten und Pizza sowie zu mexikanischen Speisen; Blüten zur Garnierung oder für Tees; schöne Zierpflanze, Nektarspender für Insekten

Erntezeit:
Mai – Okt.
Blütezeit:
Mai – Aug.

Staude

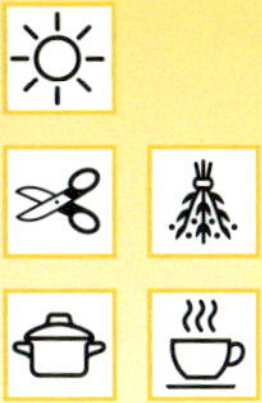

Potentilla anserina

Gänse-Fingerkraut ✿

Andere Namen: Gänserich, Krampfkraut, Silberkraut
Familie: Rosengewächse (*Rosaceae*)
Herkunft: Nordhalbkugel; Wegränder, Schutt, Wiesen
Aussehen: bis 20 cm hoch, kriechend, bildet bis 50 cm lange Ausläufer; Blätter gefiedert, Fiederblättchen scharf gesägt, gegenständig, oberseits kahl, Unterseite weiß-seidig behaart; Blüte goldgelb
Standort: sonnig; auf durchlässigen, auch steinigen Böden
Pflege: anspruchslos; im Herbst aussäen, im Frühjahr teilen
Verwendung: Die Blüten und Blätter werden zur Blütezeit gesammelt und getrocknet. Die Wurzeln mit nussigem Geschmack gräbt man im Herbst aus und genießt sie roh oder als Gemüse zubereitet. Die zarten Blätter schmecken roh in Salaten oder in Gemüsegerichten, sie passen auch zu Spinat, Frischkäse oder in Pesto. Ein Teeaufguss aus den Blättern wirkt bei Monatsblutungen krampflösend, hilft bei Durchfall und krampfartigen Magen-Darm-Beschwerden sowie bei Entzündungen in Mund und Rachen.

Erntezeit:
April – Okt.
Blütezeit:
Juni – Aug.

Staude

Potentilla erecta

Blutwurz ✿

Andere Namen: Tormentill, Rotwurzel, Schnapswurzel, Siebenfinger, Dilledapp, Teufelsabbiss
Familie: Rosengewächse (*Rosaceae*)
Herkunft: Europa, Kaukasus, Westsibirien; lichte Wälder, Wiesen, Heiden, Moore
Aussehen: bis 40 cm hoch, aufrecht, mit knolligem Wurzelstock; 3- bis 5-fach gefingerte Blätter mit grob gesägtem Rand; Blüten stets mit nur 4 gelben Kronblättern
Standort: sonnig; auf frischen bis feuchten Böden
Pflege: anspruchslos; Vermehrung durch Teilung
Verwendung: Die frischen jungen Blätter und Blüten ergänzen Gemüse und Salate. Die im Frühjahr oder Herbst geerntete Wurzel, deren Schnitt- und Bruchstellen bald blutrot werden (Name!), kann als Kochgemüse verzehrt werden. Häufiger noch bereitet man aus ihr nach Trocknung einen Tee gegen Magen-Darm-Beschwerden bzw. zum Gurgeln bei Entzündungen im Mund-Rachen-Raum zu. In manchen Regionen brennt man aus ihr Schnaps oder stellt daraus Kräuterliköre her.

Erntezeit:
März – April
Blütezeit:
März – April

Staude

Primula elatior ssp. *elatior*

Hohe Schlüsselblume ✿

Andere Namen: Waldprimel, Himmelsschlüsselchen
Familie: Primelgewächse (*Primulaceae*)
Herkunft: Europa; feuchte Stellen
Aussehen: bis 20 cm hoch; Rosetten mit runzeligen, länglich eiförmigen Blättern; Blüten hellgelb, in einer Dolde
Standort: sonnig bis halbschattig; auf fruchtbaren, durchlässigen Böden
Pflege: frosthart und anspruchslos, benötigt aber viel Wasser; Vermehrung über Aussaat (Frostkeimer) und Teilung
Verwendung: Die Blätter und Blüten werden von März bis April geerntet und zu Salat oder Spinat gegessen. Für einen Tee gräbt man im Winter den Wurzelstock aus und trocknet ihn. Er hilft bei Husten.
Hinweis: Die Pflanze steht unter Naturschutz, Wildsammlung ist daher nicht erlaubt.
Arten/Sorten: Ähnlich ist die Echte Schlüsselblume (*P. veris* ssp. *veris*). Die Blüten der in Gärten häufig gezogenen Kissenprimel (*P. vulgaris*) sind essbar.

Erntezeit:
März – Mai
Blütezeit:
März – Mai

Staude

Ranunculus ficaria

Scharbockskraut ✿

Andere Namen: Butterblume, Gichtblatt
Familie: Hahnenfußgewächse (*Ranunculaceae*)
Herkunft: Europa, Südwestasien, Nordwestafrika; feuchte Stellen
Aussehen: niederliegend, bis 30 cm hoch; Blätter fleischig, breit herznierenförmig, mit gesägtem oder gezähntem Rand, häufig stehen Brutknospen in den Achseln der untersten Blätter; Blüten leuchtend goldgelb
Standort: schattig; auf feuchten Böden
Pflege: anspruchslos; Vermehrung über Brutknospen
Verwendung: Die Blütenknospen, Stängel und jungen Blätter werden vor der Blüte geerntet, die Wurzelknollen nach der Blüte. Man verwendet sie zu Frühlingssalaten, Kräutersuppen und als Gemüse. Die Blütenknospen können wie Kapern in Essig eingelegt werden. Der Tee hilft gegen Hautunreinheiten.
Hinweis: Die Blätter galten früher als Mittel gegen Skorbut (Scharbock). Das Kraut sollte niedrig dosiert werden, da Magen-Darm- und Nierenreizungen auftreten können.

Erntezeit:
April – Okt.
Blütezeit:
Juni – Okt.

einjährig

Raphanus raphanistrum

Hederich ✿

Andere Namen: Acker-Rettich, Wilder Rettich
Familie: Kreuzblütler (*Brassicaceae*)
Herkunft: gesamte Nordhalbkugel; Äcker, Getreidefelder, Schuttplätze
Aussehen: bis 80 cm hoch; mit aufrechten, wenig verzweigten Stängeln und unten gelappten, oben ungeteilten Blättern; weiße oder gelbe Blüten; bis 10 cm lange, perlschnurartig gegliederte Schotenfrüchte
Standort: sonnig; auf nährstoffreichen Böden
Pflege: anspruchslos; Vermehrung durch Aussaat
Verwendung: junge Triebe mit scharfem, rettichartigem Geschmack im Frühjahr frisch für Salate, Suppen, Gemüsegerichte oder Frischkäse; Blüten als Garnierung; junge Früchte frisch als knackige Zutat für Salate; reife Samen als Grundzutat zu Senf oder zur Aromatisierung von Öl
Hinweis: Vom Hederich lassen sich wie von Kresse schmackhafte Keimsprossen ziehen. Dazu die Samen in einem Keimgefäß ausbringen und feucht halten.

Erntezeit: *ganzjährig*
Blütezeit: *März – Juni*

Halbstrauch

Rosmarinus officinalis

Rosmarin

Familie: Lippenblütler (*Lamiaceae*)
Herkunft: Mittelmeerländer; an trockenen Hängen
Aussehen: dicht buschig, bis 2 m hoch, immergrün; stark verzweigt; Blätter nadelartig, ledrig, Oberseite glatt, dunkelgrün, Unterseite graufilzig; Blüte blassblau, in Scheinquirlen
Standort: sonnig; auf kargen, durchlässigen, humosen Böden; Topfkultur ist ratsam
Pflege: frostempfindlich, Winterschutz ist notwendig; Vermehrung im Frühjahr über Stecklinge
Verwendung: Zweigspitzen, Blätter und Blüten (stark würzend) zu mediterranen Gerichten, Geflügel, Schweinebraten, Fisch, Gemüsesuppen, Käse und pikanten Saucen, zum Grillen, für Würzöle; Blüten als Garnierung; Bad wirkt kreislaufanregend und ausgleichend; Rosmarinwein hilft bei Rheuma, Gicht oder Blähungen; Zweige für Kräutersträuße und -kränze
Hinweis: Rosmarin kann den Schlaf beeinträchtigen; während der Schwangerschaft nicht anwenden
Arten/Sorten: Es gibt auch hängende Formen wie 'Haiffa'.

Erntezeit:
März – Aug.
Blütezeit:
Mai – Juli

Staude

Rumex acetosa

Großer Sauerampfer ✿

Familie: Knöterichgewächse (*Polygonaceae*)
Herkunft: Nordhalbkugel; feuchte Wiesen und Gebüsche
Aussehen: buschig, bis 1 m hoch; Stängel kantig; Blätter lang gestielt, breit-oval, pfeilförmig; Blüten unscheinbar, rot bis blassgrün, in schlanken, rispenartigen Blütenständen
Standort: sonnig; nahrhafte, durchlässige Böden
Pflege: anspruchslos; Aussaat im Frühjahr oder Teilung im Herbst, Selbstaussaat
Verwendung: junge Blätter und Sprossspitzen vor der Blüte ernten; die säuerlichen Blätter zu Salaten oder wie Spinat als Gemüse zubereiten, als Suppengemüse, als Würze zu Kräuterquark, Kräuterbutter und Saucen; Blütenstände zu Salat; Sauerampfer wirkt blutreinigend und appetitanregend
Hinweis: enthält viel Oxalsäure (saurer Geschmack), nicht in großen Mengen oder über längeren Zeitraum verwenden
Arten/Sorten: Garten-Ampfer (*R. patientia*) für Gemüsegerichte, Römischer Ampfer (*R. scutatus*) zu Kräuter- und Gemüsesuppen, Garten-Sauerampfer (*R. rugosus*) als Gemüse

Erntezeit:
Juni – Juli
Blütezeit:
Juni – Aug.

Halbstrauch

Ruta graveolens

Weinraute

Andere Namen: Augenraute, Edelraute
Familie: Rautengewächse (*Rutaceae*)
Herkunft: östliche Mittelmeerregion; an trockenen Hängen
Aussehen: bis 60 cm, aufrecht, immergrün; Blätter graugrün, 2- bis 3-fach gefiedert; Blüten gelbgrün, in Trugdolden
Standort: sonnig; auf durchlässigen Böden
Pflege: Rückschnitt nach der Blüte sorgt für kompakten Wuchs; Vermehrung durch Teilung oder über Stecklinge
Verwendung: Die Blätter werden vor der Blüte geerntet und frisch oder getrocknet als Gewürz verwendet (stets sparsam einsetzen!). Sie passen gut zu Salaten, Fleisch und Fisch und dienen der Aromatisierung von Likören. Umschläge helfen bei Venenentzündungen, Verstauchungen und Hautausschlägen.
Hinweis: Die Pflanze riecht streng aromatisch. Wegen der enthaltenen scharfen ätherischen Öle sollte sie nicht in großen Mengen oder während der Schwangerschaft verwendet werden. Die Einnahme kann zu erhöhter Lichtempfindlichkeit der Augen und der Haut führen (Sonnenbrandgefahr).

Erntezeit:
ganzjährig
Blütezeit:
Aug. – Okt.

Halbstrauch

Salvia dorisiana

Frucht-Salbei

Familie: Lippenblütler (*Lamiaceae*)
Herkunft: Tropen und Subtropen Mittel- und Südamerikas
Aussehen: bis 2 m hoch, dicht buschig bis sparrig; lindgrüne, herzförmige, samtig behaarte Blätter mit Guavenduft; Blüte rot in rispenartigen Blütenständen
Standort: sonnig bis halbschattig, warm und geschützt; auf durchlässigen Böden; Gefäßkultur
Pflege: leicht feucht halten; hell und kühl überwintern; Vermehrung durch Kopfstecklinge
Verwendung: frische oder getrocknete Blüten und Blätter in kleinen Mengen zu Joghurt, Quark und Obstsalaten, zur Aromatisierung von Konfitüren, für Salatsaucen sowie für süßsaure Gerichte im asiatischen Stil, für erfrischende Getränke und als Tee, zur Herstellung von Aromazucker und Sirup; Blätter und Blüten als essbare Garnierung
Arten/Sorten: Honigmelonen-Salbei (*S. elegans*): zartgrüne Blätter, duften nach Ananas; Ananas-Salbei (*S. rutilans*): Blätter mit täuschend echtem Ananasaroma, karminrote Blüten

Erntezeit:
April – Okt.
Blütezeit:
Juni – Aug.

Halbstrauch

Salvia officinalis

Gewürz-Salbei

Familie: Lippenblütler (*Lamiaceae*)
Herkunft: Mittelmeerraum; auf trockenen Felshängen
Aussehen: bis 50 cm hoch, breitbuschig; Blätter derb, schmalelliptisch, länglich oder eiförmig, gekerbt bis ganzrandig, meist graugrün, bei manchen Sorten mehrfarbig gemustert, filzig behaart; Blüte blau oder violett, in Scheinquirlen
Standort: sonnig; trockene, kalkhaltige, durchlässige Böden
Pflege: Winterschutz ratsam;Vermehrung über Kopfstecklinge
Verwendung: Blätter frisch oder getrocknet als Würze zu Fleisch, Fisch, Geflügel, Eintöpfen, Suppen, zu Schinken und Käse, Schweine- und Lammbraten; Blüten als Garnierung; Salbeitee aus frischen oder getrockneten Blättern bei Halsentzündungen; Fußbäder wirken desodorierend; als Gurgelmittel bei Entzündungen in Mund und Rachen; als Gesichtsdampfbad zur Hautklärung; für Schmuckkränze, Duftschalen, Kräutersträuße; zur Abwehr von Insekten; für Räucherzeremonien
Hinweis: kann den Magen reizen, nicht überdosieren; in der Schwangerschaft nicht innerlich anwenden

Erntezeit:
April – Juli
Blütezeit:
Juni – Juli

zweijährig

Salvia sclarea

Muskateller-Salbei

Andere Namen: Römischer Salbei, Gartenscharlach, Wetterdamm
Familie: Lippenblütler (*Lamiaceae*)
Herkunft: Europa, Vorderasien, Nordwestafrika; Gebüsche, Grasfluren, Weinberge, Gärten
Aussehen: bis 1 m hoch, aufrecht; sehr große, graufilzige, spitzovale bis herzförmige Blätter mit harzigem Duft; lila bis rosa Blüten mit weinroten bis violetten Hochblättern in langen, verzweigten, kerzenartigen Blütenständen
Standort: sonnig und warm; auf durchlässigen, trockenen, kalkhaltigen, auch steinigen Böden
Pflege: anspruchslos; Vermehrung durch Aussaat
Verwendung: Die jungen Blätter und weichen Triebe dienen mit ihrem eigenwillig harzigem Geschmack frisch als Würze für Eier- und Süßspeisen und frisch oder getrocknet für Tees sowie zum Aromatisieren von Getränken, z. B. Wein. Die Blüten kann man zur Garnierung verwenden. Getrocknet helfen die Blätter und Blüten, Düfte in Potpourris zu bewahren.

Erntezeit:
April – Juli
Blütezeit:
Mai – Juni

Staude

Sanguisorba minor ssp. *minor*

Kleiner Wiesenknopf ✲

Anderer Name: Pimpinelle
Familie: Rosengewächse (*Rosaceae*)
Herkunft: Europa, Westasien, Nordafrika; trockene Wiesen
Aussehen: buschig, bis 70 cm hoch; Stängel kantig, rötlich überlaufen; Blätter unpaarig gefiedert, mit eiförmigen, gezähnten Fiederblättchen; Blüten klein, grünlich bis purpurfarben, in endständigen, lang gestielten Blütenköpfchen
Standort: sonnig bis halbschattig; magere, durchlässige Böden
Pflege: anspruchslos; Vermehrung über Aussaat oder Teilung
Verwendung: Die jungen Triebe und Blätter werden frisch oder getrocknet als Würze für Salate, Suppen, Saucen (v. a. Frankfurter Grüne Sauce) und Limonaden verwendet. Getrocknet können sie als Tee getrunken werden. Volksheilkundlich werden Kraut und Wurzeln blutstillende, antientzündliche und zusammenziehende Wirkungen zugesprochen.
Arten/Sorten: Der Große Wiesenknopf (*S. officinalis*), der auf Feuchtwiesen wächst, wirkt zusammenziehend und wird bei Entzündungen in Mund und Rachen verwendet.

Erntezeit:
Juli – Sept.
Blütezeit:
Juni – Aug.

Strauch

Santolina chamaecyparissus

Graues Heiligenkraut

Anderer Name: Zypressenkraut
Familie: Korbblütler (*Asteraceae*)
Herkunft: Mittelmeerraum; trockene Hügel, felsige Hänge
Aussehen: dicht buschig, bis 50 cm hoch und doppelt so breit; flaumig behaarte Zweige mit graufilzigen, schmal-linealischen, fiederschnittigen Blättern; einzelne, gelbe Blütenköpfchen; aromatischer Duft
Standort: sonnig; durchlässige, trockene, warme Böden
Pflege: vor Nässe schützen; frostempfindlich, Winterschutz ist ratsam; im Frühjahr vor dem Neuaustrieb zurückschneiden; Vermehrung über Stecklinge
Verwendung: Frische oder getrocknete Zweige eignen sich zur Abwehr von Motten und anderen Insekten. Auch für Kräutersträuße, Potpourris und zum Räuchern finden sie Verwendung. Im Garten bilden sie kleine Hecken oder ornamentale Beete und sind schöne Rosenbegleiter.
Hinweis: In Frankreich heißt die Pflanze „Garde-robe“, da sie die Kleidung vor Motten schützen soll.

Erntezeit:
Mai – Okt.
Blütezeit:
Juni – Sept.

Staude

Saponaria officinalis

Echtes Seifenkraut ✿

Anderer Name: Waschlaugenkraut
Familie: Nelkengewächse (*Caryophyllaceae*)
Herkunft: Europa; Auwälder, Wegränder, Feldraine
Aussehen: straff aufrecht, bis 70 cm hoch; mit großen, lanzettlichen Blättern; Blüten blassrosa, in Rispen
Standort: sonnig und warm; auf durchlässigen Böden
Pflege: anspruchslos und frosthart; Direktaussaat, kann auch durch Teilung vermehrt werden
Verwendung: Geerntet werden die Blüten, die Blätter vor der Blüte und die Wurzeln im Frühjahr oder Herbst (spalten und trocknen). Die Pflanze besitzt einen herb-bitteren Geschmack. Die Blüten eignen sich zum Garnieren und für Duftschalen. Der Wurzelabsud wirkt äußerlich bei Ekzemen und unreiner Haut, innerlich bei Husten- und Bronchialleiden. Ein Auszug oder Aufguss der Blätter und Wurzeln kann als Waschlauge und zur Haarpflege verwendet werden.
Hinweis: Duft nach Himbeere und Gewürznelke; Seifenkrautlauge pflegt z. B. alte Leinentischdecken

Erntezeit:
ganzjährig
Blütezeit:
Juni – Aug.

Staude

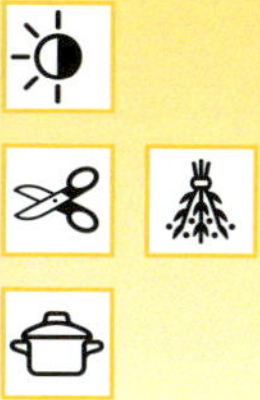

Satureja douglasii

Indianische Minze

Andere Namen: Yerba Buena, Hängeminze, Hängebohnenkraut, Kaugummipflanze
Familie: Lippenblütler (*Lamiaceae*)
Herkunft: Kalifornien bis Kanada
Aussehen: etwa 30 cm hoch, kriechend, bildet bis 1,5 m lange Triebe; Blätter rundlich, herzförmig und glänzend; Blüten weiß bis violett, in den Blattachseln
Standort: halbschattig; auf durchlässigen, humosen Böden
Pflege: mäßig gießen und düngen; gelegentlich entspitzen; kann als Ampelpflanze gezogen werden; Überwinterung kühl und hell im Haus; Aussaat mit Vorkultur, Vermehrung auch über Stecklinge (im Sommer) oder durch Teilung
Verwendung: Die Blätter werden frisch oder getrocknet als Tee getrunken. Er soll Kopfschmerzen lindern. Die Blätter geben Getränken und Desserts ein besonderes Aroma.
Hinweis: aromatischer Duft nach Minze; guter Bodendecker
Arten/Sorten: Angeboten wird vor allem die Sorte 'Indian Mint'.

Erntezeit:
Juni – Sept.
Blütezeit:
Juli – Sept.

einjährig

Satureja hortensis

Sommer-Bohnenkraut ✲

Familie: Lippenblütler (*Lamiaceae*)
Herkunft: Mittelmeerraum
Aussehen: buschig, bis 40 cm hoch, stark verzweigt; Blätter schmal lanzettlich, mit stark würzigem Duft; Blüte weiß bis lila, mit kurzer Röhre und dreilappiger Unterlippe, in lockeren, meist einseitswendigen Scheinähren
Standort: sonnig und warm; leichte, durchlässige Böden
Pflege: anspruchslos; Vermehren durch Aussaat (Lichtkeimer)
Verwendung: Blätter und Triebe frisch oder getrocknet als pfeffrige Würze zu Hülsenfrüchten, Lamm- und Kartoffelgerichten, Eintöpfen, Salaten und zur Aromatisierung von Essig und Öl; verdauungsfördernd; Tee aus dem getrockneten Kraut bei Magenkrämpfen, Blähungen und bei Husten; blühende Triebspitzen für Gesichtsdampfbäder bei fettiger Haut
Arten/Sorten: Das Winter-Bohnenkraut (*S. montana* ssp. *montana*) ist ein robuster Halbstrauch mit kräftigerem Aroma. Das Serbische Bohnenkraut (*S. spicigera*) und das Berg-Bohnenkraut (*S. montana*) wirken ähnlich.

Erntezeit: *ganzjährig*
Blütezeit: *Juni – Aug.*

Staude

Sedum reflexum

Tripmadam ✲

Andere Namen: Felsen-Fetthenne, Steinkraut, Felsenpfeffer
Familie: Dickblattgewächse (*Crassulaceae*)
Herkunft: Mitteleuropa; auf sandigen, felsigen Böden
Aussehen: kriechend bis niederliegend, bis 10 cm hoch, immergrün; mit bläulich grünen, am Grund gespornten und zugespitzten, sukkulenten Blättchen; Blüten sternförmig, goldgelb
Standort: sonnig; auf mageren, durchlässigen Böden, in Steinbeeten und Pflasterritzen
Pflege: anspruchslos, aber vor allzu großer Nässe schützen; über Stecklinge vermehren
Verwendung: Die fleischigen Blätter und Triebspitzen werden gehackt oder zerquetscht als Würze für Salate und Suppen verwendet. Die Zweige sollten erst zum Schluss mitgegart und vor dem Servieren entfernt werden. Man kann sie auch in Essig einlegen.
Hinweis: Tripmadam ist leicht mit dem giftigen Scharfen Mauerpfeffer (*S. acre*) zu verwechseln, der aber ungespornte Blättchen hat.

Erntezeit: *ganzjährig*
Blütezeit: *Juni – Aug.*

Staude

Sideritis syriaca

Griechischer Bergtee ✲

Anderer Name: Gliedkraut
Familie: Lippenblütler (*Lamiaceae*)
Herkunft: östliches Mittelmeergebiet; auf trockenen, steinigen Bergwiesen
Aussehen: wächst buschig, bis 40 cm hoch; mit filzigen, grau behaarten Blättern und gelbgrünen Blütenkerzen
Standort: sonnig; auf durchlässigen, fruchtbaren Böden; vor einer Südmauer oder im Steingarten
Pflege: anspruchslos; im Frühjahr teilen
Verwendung: Die Blätter und Blütenkerzen ergeben einen Tee mit mildem, zimtartigem Geschmack (etwa 10 Minuten köcheln lassen). Er regt Magen und Darm an und soll gegen Erkältungen helfen. Er wirkt zudem entzündungshemmend.
Hinweis: In der Antike war die Pflanze als „Sideritis von Dioskuros" dafür bekannt, angeblich Wunden heilen zu können, die mit eisernen Waffen zugefügt worden waren.
Arten/Sorten: *S. scardica* und viele weitere Arten aus dem Mittelmeerraum haben ähnliche Eigenschaften.

Erntezeit:
April – Aug.
Blütezeit:
Juli – Aug.

ein- bis zweijährig

Silybum marianum

Mariendistel ✲

Andere Namen: Frauendistel, Färberdistel, Krone Christi
Familie: Korbblütler (*Asteraceae*)
Herkunft: Südeuropa und Vorderasien; Wegränder, Ödland
Aussehen: aufrecht bis sparrig, bis 2 m hoch; bräunlich glänzender Stängel mit dunkelgrünen, weiß marmorierten, gelappten Blättern, die an den Rändern mit langen, kräftigen Dornen besetzt sind; rote Blütenköpfe
Standort: sonnig; auf durchlässigen, mageren Böden
Pflege: anspruchslos, aber frostempfindlich; Vermehrung durch Aussaat ab Ende April mit einem Abstand von 30–40 cm
Verwendung: Die jungen Blätter und Wurzeln ergeben gekocht ein Gemüse, die Stängel isst man wie Spargel, die Blütenknospen ähnlich wie Artischocken. Für den Tee aus den getrockneten Samen erntet man die kompletten Fruchtstände von August bis September. Er hilft bei Verdauungsproblemen, wirkt krampflösend, schützend und regenerierend auf die Leber (v. a. kurmäßig angewandt) und regt den Gallenfluss an. Pfefferminze verbessert den Geschmack.

Erntezeit:
Juli – Aug.
Blütezeit:
Juni – Sept.

einjährig

Sinapis alba

Weißer Senf

Anderer Name: Gelber Senf
Familie: Kreuzblütler (*Brassicaceae*)
Herkunft: Europa, Teile Nordafrikas; Schuttplätze, Ödland und Ackerraine
Aussehen: aufrecht, bis 1,2 m hoch; Stängel kantig, verzweigt; Blätter länglich, eiförmig, rau behaart; Blüten gelb, in Doldentrauben; Samen in länglichen Schoten
Standort: sonnig; auf humosen Lehm- oder Sandböden
Pflege: anspruchslos, gleichmäßig feucht halten; Aussaat ab Mitte März bis Ende Mai in Reihen (25 cm Abstand), keimt schnell
Verwendung: Die jungen Blättchen passen zu Salat und Saucen. Die Samen, getrocknet und gegebenenfalls pulverisiert, werden zum Einlegen, z. B. von Gurken, und zur Senfbereitung verwendet. Die Pflanze eignet sich zur Gründüngung im Gemüsegarten.
Arten/Sorten: Der Ackersenf (*S. arvensis*) wächst wild und wird ähnlich verwendet.

Erntezeit:
Mai – Okt.
Blütezeit:
Juni – Okt.

Staude

Sium sisarum

Süßwurzel ✿

Andere Namen: Zucker-Merk, Zuckerwurzel
Familie: Doldenblütler (*Apiaceae*)
Herkunft: Südosteuropa, Asien
Aussehen: aufrecht, bis 1 m hoch; mit 5–8 fingerlangen Wurzeln; Stängel gefurcht, hohl, mehrfach verzweigt; Blätter unpaarig gefiedert, lanzettlich, fein gezähnt; Blüten weiß, in Dolden
Standort: sonnig bis halbschattig; auf nahrhaften Böden
Pflege: anspruchslos und winterhart; im Frühjahr Kompost geben; Aussaat im April, keimt langsam, Vermehrung auch durch Teilung
Verwendung: Die jungen Triebe kann man dünsten oder braten. Die zarten Blätter werden im Frühjahr geerntet und ähnlich wie Petersilie verwendet. Die süßen Wurzeln kann man dünsten oder kochen und mit Butter servieren. Sie sind gut für Eintöpfe.
Arten/Sorten: Der Große Merk (*S. latifolium*) ist geschützt und darf nicht wild gepflückt werden.

Erntezeit:
Juli – Okt.
Blütezeit:
Juli – Okt.

Staude

Solidago virgaurea

Goldrute ✲

Andere Namen: Goldwundkraut, Wundkraut, Petrusstab
Familie: Korbblütler (*Asteraceae*)
Herkunft: Europa, Asien; lichte Wälder, Kahlschläge, Wiesen
Aussehen: bis 1 m hoch, buschig; Stängel unten braun, oben violett bis purpurn gefärbt, kurz behaart und verzweigt; Blätter wechselständig, spitz zulaufend; Blüten goldgelb, in traubigem Blütenstand, duften aromatisch-süß
Standort: sonnig bis halbschattig; auf lockeren Böden
Pflege: anspruchslos; Vermehrung durch Teilung
Verwendung: Geerntet werden nur die oberen, nicht verholzten Abschnitte der blühenden Triebe, am besten zu Beginn der Blütezeit. Zum Aufbewahren werden sie schonend getrocknet. Der Tee hilft bei Blasen- und Nierenbeschwerden wie Harnwegsentzündungen oder Nierengrieß, wird aber auch gegen Leberleiden, Rheuma und Gicht eingesetzt. Junge Schösslinge kann man im Frühjahr als scharfe Würze für Gemüsegerichte verwenden. Zierpflanze für naturnahe Gärten.
Hinweis: Nicht anwenden bei chronischen Nierenleiden.

Erntezeit:
Juni – Sept.
Blütezeit:
Juni – Sept.

Staude

Stachys officinalis

Echter Ziest ✿

Andere Namen: Heil-Ziest, Betonie, Zahnkraut
Familie: Lippenblütler (*Lamiaceae*)
Herkunft: Europa; auf Magerwiesen
Aussehen: buschig, bis 1 m hoch; Blätter gegenständig, länglich bis herzförmig, gekerbt; Blüten rotviolett, in lang gestielten Scheinähren
Standort: sonnige Plätze; auf durchlässigen, mäßig fruchtbaren Böden
Pflege: anspruchslos und frosthart; Vermehrung durch Teilung
Verwendung: Der Tee aus den Blättern wird als Mittel zur Blutreinigung, bei Migräne und Verdauungsstörungen eingesetzt. Ein Umschlag aus den frischen Blättern soll die Wundheilung fördern. Der Absud aus dem blühenden Kraut kann zum Gurgeln bei Zahnfleisch-, Mund- und Rachenentzündungen verwendet werden.
Hinweis: Ziest wurde im Altertum als „Allheilpflanze" gegen nahezu jede Krankheit angewendet. Es gibt auch andere Farb-Varietäten, z. B. die Sorte 'Alba' mit weißen Blüten.

Erntezeit:
März – Okt.
Blütezeit:
März – Okt.

einjährig

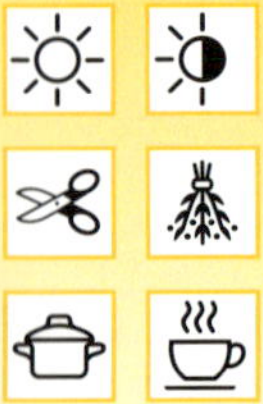

Stellaria media

Vogelmiere ✿

Andere Namen: Hühnerdarm, Vogel-Sternmiere, Alsine
Familie: Nelkengewächse (*Caryophyllaceae*)
Herkunft: weltweit; Äcker, Gärten
Aussehen: bis 30 cm hoch; mit niederliegenden, wenig verzweigten und durcheinander wachsenden Stängeln und eiförmigen, zugespitzten Blättern; weiße, strahlige Blütchen
Standort: sonnig bis halbschattig; nährstoffreiche Böden; auch für Gefäßkultur geeignet, z. B. für Ampeln oder Balkonkästen
Pflege: sehr anspruchsloses Wildkraut; kann hell und kühl im Haus überwintert werden; Vermehrung durch Aussaat
Verwendung: junge Triebe, Blätter und Blüten vom Frühjahr bis in den Herbst ernten, sie haben einen hohen Vitamin- und Mineralstoffgehalt und schmecken nach jungen Maiskolben oder Erbsen; frisch für Salate, Gemüse, Suppen, aufs Butterbrot, für Kräuterbutter, Pesto oder Frischkäse; das blühende Kraut getrocknet als Tee bei Erkältungskrankheiten (besonders in Mischung mit Spitzwegerich), Nieren- und Blasenleiden, der Absud wirkt äußerlich gegen Hautausschläge

Erntezeit:
April – Okt.
Blütezeit:
Juli – Aug.

Staude

Stevia rebaudiana

Süßkraut

Andere Namen: Stevie, Honigkraut
Familie: Korbblütler (*Asteraceae*)
Herkunft: Südamerika
Aussehen: buschig, bis 1 m hoch; Blätter eiförmig bis elliptisch; Blüten unscheinbar, weiß
Standort: sonnig; auf durchlässigen Böden
Pflege: Gefäßkultur ist ratsam, im Sommer als Kübelpflanze ins Freie stellen; Spitzen immer wieder auskneifen, damit die Pflanze buschiger wird; nicht frosthart, bei 15–20 °C hell überwintern; Vermehrung über Stecklinge oder durch Teilung
Verwendung: Die Blätter und Triebspitzen werden frisch oder getrocknet eingesetzt, allerdings nur sehr sparsam. Sie eignen sich zum Süßen verschiedenster Gerichte und Getränke. Sie werden traditionell zum Süßen von Matetee verwendet. Süßkraut soll auch gegen Zahnfleischbluten und Karies helfen, ein eindeutiger Nachweis hierfür fehlt allerdings bislang.
Hinweis: Innerhalb der EU darf *Stevia* nicht als Nahrungsmittel gehandelt werden.

Erntezeit:
März – April, Sept. – Okt.
Blütezeit:
Mai – Sept.

Staude

Symphytum officinale ssp. officinale

Arznei-Beinwell ✿

Anderer Name: Schwarzwurz
Familie: Borretschgewächse (*Boraginaceae*)
Herkunft: Europa, Westasien; Bachufer, feuchte Wiesen
Aussehen: buschig, bis 1 m hoch, ganze Pflanze rau behaart; mit kräftigem, fleischigem Stängel und lanzettlichen bis zungenförmigen Blättern; Blüten weiß-violett, glockig, in Trauben
Standort: lichter Schatten; feuchte, nährstoffreiche Böden
Pflege: regelmäßig mit Kompost düngen; Teilung ist möglich
Verwendung: Die Blätter werden frisch als Gemüse oder im Salat gegessen. Die Wurzelstöcke werden im Frühjahr oder Herbst ausgegraben und in Form von Umschlägen auf Zerrungen, Verstauchungen, Brüche und Geschwüre aufgelegt. Auch als Brühe oder Jauche sowie zum Mulchen ist die Pflanze verwendbar.
Hinweis: nicht in der Schwangerschaft und nicht innerlich anwenden
Arten/Sorten: Futter-Beinwell oder Russischer Comfrey (*S.* × *uplandicum*); Schottischer Beinwell (*S. tuberosum*)

Erntezeit:
ganzjährig
Blütezeit:
Juni – Okt.

einjährig

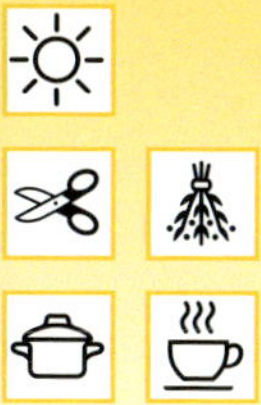

Tagetes lucida

Winterestragon

Andere Namen: Glänzende Studentenblume, Mexikanischer Estragon, Yauthli
Familie: Korbblütler (*Asteraceae*)
Herkunft: Mexiko, südliche USA
Aussehen: bis 60 cm hoch; Stängel aufrecht, wenig verzweigt; Blätter lanzettlich, gesägt; mit goldgelben Blütenköpfchen
Standort: sonnige Plätze; auf fruchtbaren, gut durchlässigen Böden
Pflege: Ausputzen verlängert die Blühdauer; die Pflanze verträgt Rückschnitt; Schneckenschutz ist ratsam; eigent sich auch als Gefäßkultur; Vorkultur ab Mitte März, ab Mitte Mai ins Freie setzen
Verwendung: Blätter und Blüten gelten frisch oder getrocknet als aromatische, scharfe Würze. Sie eignen sich für Kräuterbutter und Kräuteressig. Die Blüten sind eine hübsche Garnierung. Getrocknet können sie als Tee getrunken werden.
Hinweis: Die Pflanze verströmt einen anisartigen Geruch.
Arten/Sorten: Lakritztagetes (*T. micrantha*)

Erntezeit:
Juni – Okt.
Blütezeit:
Juni – Okt.

einjährig

Tagetes tenuifolia

Gewürztagetes

Andere Namen: Orangentagetes, Zitronentagetes
Familie: Schmetterlingsblütler (*Fabaceae*)
Herkunft: Mexiko
Aussehen: 20–50 cm hoch, dicht buschig; Stängel reich verzweigt; Blätter dunkelgrün, fein zerteilt, farnartig, verströmen bei Berührung einen intensiven Zitrusduft; je nach Sorte mit gelben, orangefarbenen oder roten Blüten
Standort: sonnig; auf nährstoffreichen Böden
Pflege: anspruchslos; Vermehrung durch Aussaat
Verwendung: Blüten und Blätter können während der gesamten Saison geerntet werden; Blätter würzig, zartbitter, frisch als Würze für Gemüse, Salate oder Fleischgerichte; Blüten mit Aroma nach Mandarinenschale, frisch zur Garnierung, für Süßspeisen, Salate oder Getränke; getrocknete Blätter und Blüten für Potpourris; hübsche Zierpflanzen für Balkonkästen, Schalen oder Beete und Rabatten
Arten/Sorten: 'Lemon Gem' blüht gelb, 'Orange Gem' orange und 'Red Gem' rot.

Erntezeit:
Mai – Okt.
Blütezeit:
Aug. – Okt.

Staude

Tanacetum balsamita

Balsamkraut

Andere Namen: Frauenminze, Marienblatt, *Chrysanthemum majus*
Familie: Korbblütler (*Asteraceae*)
Herkunft: Kleinasien und Nordiran; Unkrautfluren auf Schutt
Aussehen: locker buschig, bis 1,5 m hoch, fein behaart; mit Rhizom, neigt zum Wuchern; Blätter länglich-eiförmig, am Rand gezähnt; Blüten weiß mit gelber Mitte
Standort: sonnig; auf trockenen, gut durchlässigen Böden
Pflege: winterhart; Schneckenschutz ist ratsam, Vermehrung durch Teilung
Verwendung: Die Blüten werden von August bis Oktober gesammelt, überbrüht und in Salaten und Gemüsesuppen gegessen. Die frischen, vor der Blüte geernteten Blätter eignen sich für Salate, Saucen und als Fleischwürze. Sie können zum Aromatisieren in Öl eingelegt werden. Ein Tee hilft bei Menstruationsbeschwerden. Auch in Duftschalen und Potpourris finden Blätter und Blüten Verwendung und vertreiben Insekten.
Hinweis: Duftet beim Zerreiben aromatisch nach Minze.

Erntezeit:
Mai – Juni
Blütezeit:
Mai – Juni

Staude

Tanacetum cinerariifolium

Dalmatiner Insektenblume

Andere Namen: Pyrethrum, *Chrysanthemum cinerariifolium*
Familie: Korbblütler (*Asteraceae*)
Herkunft: Dalmatien; trockene Hänge
Aussehen: buschig, bis 80 cm hoch; mit grauen, behaarten Stängeln und graugrünen, fein gefiederten Blättern; weiße bis rosa Blüten, ähnlich wie Margeriten
Standort: sonnige Plätze; auf gut durchlässigen, nicht zu feuchten Böden
Pflege: winterhart; mäßig gießen; durch Teilung vermehren
Verwendung: Die getrockneten, zerstoßenen Blüten können gegen Lebensmittelschädlinge verstreut werden. In Duftschalen ausgelegt vertreiben sie Stechmücken, in Schränken helfen sie gegen Motten. Der alkoholische Auszug dient als Spritzmittel zum Pflanzenschutz.
Hinweis: Die Pflanze entwickelt einen herben Geruch. Pyrethrum-Präparate gelten für Säugetiere als unbedenklich, synthetisch hergestellte Pyrethrine (Pyrethrum-ähnliche Substanzen) sind dagegen giftig.

Erntezeit:
Juni – Aug.
Blütezeit:
Juni – Aug.

Staude

Tanacetum parthenium

Mutterkraut ✿

Andere Namen: Fieberkraut, Mutterkamille, Frauenminze, *Chrysanthemum parthenium*
Familie: Korbblütler (*Asteraceae*)
Herkunft: nördliche Hemisphäre; auf nährstoffreichen Krautfluren
Aussehen: aufrecht, bis 60 cm hoch; gelbgrüne, gefiederte Blätter; gelbe Blüten mit kamillenartigem Geruch
Standort: sonnig; auf durchlässigen Böden
Pflege: anspruchslos; ein Rückschnitt nach der ersten Blüte fördert die Nachblüte; im Frühjahr teilen
Verwendung: Die frischen, überbrühten Blüten passen zu Salaten. Täglich 3 frische Blätter auf Butterbrot gegessen sollen gegen Migräne vorbeugen. Ein Tee aus den Blättern und Blüten wirkt gegen Verdauungsstörungen.
Hinweis: nicht in der Schwangerschaft verwenden; kann bei empfindlichen Personen Allergien verursachen
Arten/Sorten: Ein Sud aus dem giftigen Rainfarn (*T. vulgare*) hilft gegen lästige Fliegen, Ameisen und andere Insekten.

Erntezeit:
März – April
Blütezeit:
März – Mai

Staude

Taraxacum sect. *Ruderale*

Gewöhnlicher Löwenzahn ✲

Andere Namen: Kuh- oder Pusteblume, *T. officinale*
Familie: Korbblütler (*Asteraceae*)
Herkunft: nördliche Halbkugel; Fettwiesen, Wegränder
Aussehen: bis 30 cm hoch, mit langer Pfahlwurzel; Stängel hohl, blattlos; Blätter gezähnt, in grundständiger Rosette; Blüten goldgelb
Standort: sonnige Plätze, auf nährstoffreichen Ton- und Lehmböden
Pflege: anspruchslos; sät sich selbst aus
Verwendung: Die jungen, bitter-aromatischen Blätter eignen sich für Frühlingssalate oder -suppen. Die Wurzel wird vor der Blüte geerntet (2-jährige sind weniger bitter). Sie hat einen süßlichen Geschmack und dient als Gemüse und Kaffeeersatz. Der Tee aus den getrockneten Blättern und Wurzeln wirkt harntreibend, blutreinigend und entwässernd.
Hinweis: Die Pflanze enthält einen giftigen, weißen Milchsaft, der Kontaktallergien auslösen kann und braune Flecken auf Kleidung und Haut hinterlässt.

Erntezeit:
ganzjährig
Blütezeit:
Juni – Juli

Staude

Thymus × citriodorus

Zitronen-Thymian

Familie: Lippenblütler (*Lamiaceae*)
Herkunft: Kulturform, Kreuzung zwischen *T. pulegioides* und *T. vulgaris*; die Ursprungsarten wachsen in Europa auf trockenen Matten
Aussehen: bis 20 cm hohe, dicht buschige, polsterförmige, wintergrüne Kleinstaude mit leicht verholzenden Trieben; Blätter klein, eiförmig, je nach Sorte hell- oder dunkelgrün, silbrig oder golden gescheckt; rosa bis zartlila Blütchen in Ähren; duftet intensiv nach Zitrone
Standort: sonnig und warm; gut durchlässige, eher trockene, Böden; für Steingärten, in Pflasterfugen, für Gefäße geeignet
Pflege: nur mäßig gießen; abgeblühte Triebe um ein Drittel einkürzen; Winterschutz ratsam; Vermehrung durch Stecklinge
Verwendung: Die Triebspitzen oder Blätter kann man nach Bedarf, zum Trocknen jedoch am besten vor der Blüte ernten. Die frischen oder getrockneten Blätter würzen Fleisch- und Gemüsegerichte, Süßspeisen oder Teemischungen und reichern Duftkompositionen an.

Erntezeit:
April – Juni
Blütezeit:
Juni – Aug.

Halbstrauch

Thymus pulegioides ssp. *pulegioides*

Arznei-Thymian

Andere Namen: Feld-Thymian, Quendel
Familie: Lippenblütler (*Lamiaceae*)
Herkunft: Europa; trockene Stellen, Hänge, Gebirge
Aussehen: bis 20 cm hoch, dicht buschig, niederliegend, Triebspitzen aufsteigend, immergrün; eiförmige, dunkelgrüne bis graugrüne Blättchen; rosa bis zartlila Lippenblüten in kopfigen Blütenständen
Standort: sonnig; auf durchlässigen, eher trockenen Böden
Pflege: nur mäßig gießen; abgeblühte Triebe um ein Drittel einkürzen; Winterschutz ratsam; Vermehrung durch Stecklinge
Verwendung: Die Triebspitzen oder Blätter werden am besten vor der Blüte geerntet. Sie würzen vor allem deftige Speisen. In erster Linie dient diese Art jedoch als Heilpflanze und wird als Husten- und Magentee getrunken oder für Inhalationen und als Badezusatz bei Erkältungen verwendet.
Arten/Sorten: Die Unterart *montanus*, der Berg-Thymian, hat ein besonders pfeffriges Aroma und wird gerne zum Würzen von Fleisch verwendet.

Erntezeit:
April – Okt.
Blütezeit:
Juni – Sept.

Halbstrauch

Thymus serpyllum

Sand-Thymian

Andere Namen: Feld-Quendel, Hühnerkraut, Käsekraut, Wurstkraut, Ameisenkraut, Wildes Pfefferkraut
Familie: Lippenblütler (*Lamiaceae*)
Herkunft: Europa; trockene Stellen auf kalkarmen Böden, lichte Kiefernwälder, Trockenrasen
Aussehen: bis 20 cm hoch, niederliegend und kriechend, immergrün; längliche bis elliptische Blättchen; hell- bis dunkelpurpurne, selten auch weiße Lippenblüten in kopfigen Blütenständen
Standort: sonnig; gut durchlässige, trockene und kalkarme Böden; für Gefäßkultur geeignet
Pflege: anspruchslos; Vermehrung durch Stecklinge
Verwendung: Die Blätter erntet man von Frühjahr bis Herbst und verwendet sie vorzugsweise frisch als Würze in Quark, Frischkäse, Salaten oder Eintöpfen sowie in Wurst. Die Blüten kann man über Speisen streuen oder für elegante Desserts mit Zucker vermahlen. Wie beim Echten Thymian nutzt man auch die Heilkräfte, vor allem gegen Husten.

Erntezeit:
Mai – Sept.
Blütezeit:
Juni – Aug.

Halbstrauch

Thymus vulgaris

Echter Thymian

Familie: Lippenblütler (*Lamiaceae*)
Herkunft: Mittelmeerraum; trockene Hänge, Matten, Heiden
Aussehen: bis 30 cm hoch, niederliegend, buschig, immergrün; Blätter winzig, elliptisch, Unterseite graufilzig behaart; blasslila Lippenblütchen, in Ähren; herb-aromatisch duftend
Standort: sonnig; durchlässige, kalkige, eher trockene Böden
Pflege: mäßig gießen; frosthart, aber empfindlich gegen Nässe im Winter; durch Stecklinge vermehren
Verwendung: Blätter und Triebspitzen frisch oder getrocknet mit appetitanregender und verdauungsfördernder Wirkung; Kraut vor der Blüte trocknen, dadurch wird der Geschmack oft intensiver; Bestandteil der „Herbes de Provence“; zum Würzen von Fleisch- und Gemüsegerichten, zu Salaten und Süßspeisen; Blüten zur Garnierung; der Tee aus dem getrockneten Kraut wirkt krampflösend und desinfizierend, er hilft bei Verdauungsstörungen und Husten, lindert Bronchitis, Atemwegskatarrhe und Keuchhusten und besitzt antiseptische und konservierende Eigenschaften; für Duftmischungen

Erntezeit:
Sept. – Okt.
Blütezeit:
Juli – Sept.

einjährig

Trachyspermum ammi

Indischer Kümmel

Andere Namen: Adiowan, Ajowan, Ammei, Königskümmel
Familie: Doldenblütler (*Apiaceae*)
Herkunft: Kulturpflanze, ursprünglich wahrscheinlich aus dem östlichen Mittelmeerraum
Aussehen: bis 50 cm hoch, aufrecht, an Kümmel erinnernd; fein gefiederte Blätter; weiße Blütchen in schirmförmigen Dolden; kugelige, etwa 1 mm große, dunkelbraune Früchte, deutlich gerippt
Standort: sonnig; auf lockeren Böden
Pflege: anspruchslos; Vermehrung durch Aussaat
Verwendung: Man erntet die reifen Früchte, die nach Thymian duften und brennend-aromatisch schmecken. Frisch oder getrocknet, ganz oder gemahlen dienen sie zum Würzen von Speisen mit Kartoffeln, Hülsenfrüchten, Fisch sowie orientalischen Pilaws oder indischen Pakorhas. Die frischen Blätter kann man bis zur Blütezeit wie Petersilie verwenden. Man nutzt die Samen, die verdauungsfördernd und desinfizierend wirken, auch gegen Erkältungskrankheiten und Fieber.

Erntezeit:
Juli – Okt.
Blütezeit:
Juli – Okt.

einjährig

Trigonella caerulea

Schabzigerklee

Andere Namen: Brotklee, Käseklee, Blauer Steinklee, Bisamklee, Hexenkraut
Familie: Schmetterlingsblütler (*Fabaceae*)
Herkunft: Ursprung unbekannt, Wildvorkommen in den Alpen und in den Gebirgen Südeuropas
Aussehen: bis 50 cm hoch, buschig; Blätter dreiteilig; Blüten himmel- bis blassblau, in rundlichen Köpfchen
Standort: sonnig bis halbschattig; auf lockeren Böden
Pflege: anspruchslos; Vermehrung durch Aussaat
Verwendung: Man erntet die krautigen Teile, am besten bereits zu Beginn der Blütezeit. Frisch riechen sie kaum, erst getrocknet entfalten sie ihr würziges Aroma, das an Curry erinnert. Zu Pulver zerrieben setzt man es sparsam ein und verfeinert damit Saucen, Suppen, Getreidebratlinge, Nudeln, Pilz- und andere Gemüsegerichte.
Hinweis: Traditionell wird Schabzigerklee in der Schweiz zum Würzen von Quark (Ziger) und Käse, in Südtirol von Brot (v. a. im Pustertal und Vintschgau) eingesetzt.

Erntezeit:
Juli – Sept.
Blütezeit:
April – Aug.

einjährig

Trigonella foenum-graecum

Griechischer Bockshornklee ✿

Anderer Name: Fenugreek
Familie: Schmetterlingsblütler (*Fabaceae*)
Herkunft: Südwestasien sowie östlicher Mittelmeerraum
Aussehen: bis 60 cm hoch; runder Stängel, aufrecht oder liegend; dreizählige Blätter, leicht gezähnt; gelbe Schmetterlingsblüten, zu 1–2 fast sitzend in den Blattachseln
Standort: sonnige Plätze; eher auf mageren, gut durchlässigen Böden
Pflege: anspruchslos, nicht düngen; Aussaat in Reihen mit einem Abstand von 20 cm
Verwendung: Die getrockneten, pulverisierten Samen passen gut zu Currygerichten. Als Tee wirken sie verdauungsfördernd. Die Keimlinge werden in Salaten gegessen. Die jungen Blätter schmecken gut zu Gemüse, in Saucen und zu Lamm. Äußerlich helfen sie bei Abszessen.
Hinweis: Vom getrockneten Kraut geht ein süßlicher Heuduft nach Cumarin aus – daher der wissenschaftliche Name *foenum-graecum*, der „griechisches Heu" bedeutet.

Erntezeit:
Mai – Okt.
Blütezeit:
Mai – Okt.

einjährig

Tropaeolum majus

Große Kapuzinerkresse ✿

Familie: Kapuzinerkressegewächse (*Tropaeolaceae*)
Herkunft: Chile und Mexiko
Aussehen: buschig, bis 50 cm hoch, niederliegend, kletternd, mit bis zu 3 m langen Ranken; schildförmige Blätter mit wachsartiger Oberfläche an fleischigen, runden Stängeln; Blüten groß, gelb, orange oder rot, fünfzählig, gespornt, trompetenförmig, auch an einer Pflanze mehrfarbig
Standort: sonnige und windgeschützte Plätze; auf humosen, leicht lehmhaltigen, gut durchlässigen Böden
Pflege: anspruchslos, aber frostempfindlich; Vermehrung durch Aussaat; für Gefäßkultur geeignet
Verwendung: Blüten und Blätter frisch zu Salaten, Quark oder aufs Butterbrot; kresseähnliches Aroma; wirken blutreinigend und aktivieren die Abwehrkräfte; die Blütenknospen und weichen Samen als Kapernersatz; Blüten als essbare Garnierung
Arten/Sorten: Im Handel sind viele Sorten, darunter hoch kletternde oder mehr buschig wachsende. Blätter und Blüten der Kleinen Kapuzinerkresse (*T. minus*) sind ebenfalls essbar.

Erntezeit: *ganzjährig*
Blütezeit: *Mai – Okt.*

Knollenpflanze

Tulbaghia violacea

Knoblauchs-Kaplilie

Andere Namen: Zimmerknoblauch, Südseeknoblauch, „Knobiflirt"
Familie: Lauchgewächse (*Alliaceae*)
Herkunft: Südafrika
Aussehen: bildet bis 50 cm hohe, aufrechte Horste, immergrün; Blätter graugrün, grasartig schmal; Blüten weiß bis hellviolett, in endständigen, lang gestielten Dolden; mit starkem Knoblaucharoma
Standort: sonnig und windgeschützt; auf gut durchlässigen, humusreichen Böden; Gefäßkultur ist ratsam
Pflege: sparsam gießen; nicht winterhart, bei 5–10 °C hell überwintern; Vermehrung durch Teilen
Verwendung: Die Blätter werden wie Schnittknoblauch (→ Seite 41) verwendet. Sie schmecken klein gehackt gut in Salaten und Saucen. Die Blüten dienen als Würze und Garnierung. Die Knollen werden im Winter geerntet und ähnlich wie Knoblauch verwendet.
Hinweis: Verursacht keine unangenehmen Ausdünstungen.

Erntezeit:
Feb. – Juni
Blütezeit:
Feb. – Mai

Staude

Tussilago farfara

Huflattich ✿

Anderer Name: Märzblume
Familie: Korbblütler (*Asteraceae*)
Herkunft: Europa, Asien, Nordafrika; Weg- und Ackerränder
Aussehen: aufrecht, bis 30 cm hoch; Blätter grundständig, handtellergroß, hufeisenförmig, Rand flach ausgebuchtet und grob gezähnt, Unterseite grauwollig behaart; mit gelben Blütenkörbchen auf schuppigen, behaarten Stängeln, erscheinen meist vor dem Laubaustrieb
Standort: sonnig; auf feuchten, lehmigen Böden
Pflege: anspruchslos und winterhart; Aussaat im Frühjahr, im Herbst teilen
Verwendung: Die Blätter werden frisch oder getrocknet, die Blüten getrocknet verwendet. Die frischen, jungen Blätter schmecken gut in Frühlingssalaten und abgebrüht als Gemüse. Blätter und Blüten wirken schleimlösend und sind Bestandteile von Hustentees.
Hinweis: Die Blüten duften nach Honig. Eine Daueranwendung ist nicht ratsam.

Erntezeit:
Mai – Aug.
Blütezeit:
Juli – Sept.

Staude

Urtica dioica

Brennnessel ✿

Anderer Name: Donnernessel
Familie: Brennnesselgewächse (*Urticaceae*)
Herkunft: Europa, Asien, Nordafrika
Aussehen: wächst aufrecht buschig, bis 1,5 m hoch; mit Brennhaaren an Stängeln und Blättern; Stängel vierkantig; Blätter länglich eiförmig, grob gesägt; Blüten unscheinbar, grünlich, in Rispen in den Blattachseln
Standort: sonnig bis halbschattig; auf humus- und stickstoffreichen Böden
Pflege: anspruchslos; Vermehrung durch Teilung
Verwendung: Die jungen Blätter oder das ganze Kraut werden frisch als Salat oder wie Spinat gegessen. Sie sind blutreinigend und regen den Stoffwechsel an. Als Tee helfen sie bei Rheuma, Gicht und Blasenleiden. Ein Badezusatz wirkt bei Neuralgien lindernd. Die Jauche eignet sich zum Düngen, die Brühe als Schädlingsabwehr.
Arten/Sorten: In Aussehen und Heilkraft ähnlich ist die Kleine Brennnessel (*U. urens*).

Erntezeit:
März – Okt.
Blütezeit:
Mai – Aug.

Staude

Valeriana officinalis

Echter Baldrian

Anderer Name: Katzenkraut
Familie: Baldriangewächse (*Valerianaceae*)
Herkunft: Europa, Asien; Wälder, Wiesen, Wegränder, Ufer
Aussehen: aufrecht, bis 1,5 m hoch; Stängel gefurcht, hohl, behaart; Blätter mit schmal-lanzettlichen Fiedern; Blüten rosa bis weiß, in schirmförmigen Blütenständen
Standort: sonnig bis halbschattig; auf feuchten, nährstoffreichen Böden
Pflege: reichlich Kompost geben; durch Teilung vermehren
Verwendung: Die Wurzeln werden im zweiten Jahr nach dem Absterben der Blätter im Herbst geerntet, die Blätter von April bis Mai, die Blüten von Mai bis Juni. Sie werden frisch oder getrocknet verwendet. Die Blätter passen zu Salaten, die Blüten zu Fruchtsalat und Getränken. Die Wurzel ist ein bittersüßes Gewürz und wirkt als Tee entspannend, antidepressiv und beruhigend bei nervösen Magen-Darm-Beschwerden.
Hinweis: Sparsam dosieren und nicht länger als 2 Wochen einnehmen!

Erntezeit:
Juni – Aug.
Blütezeit:
Juli – Sept.

zweijährig

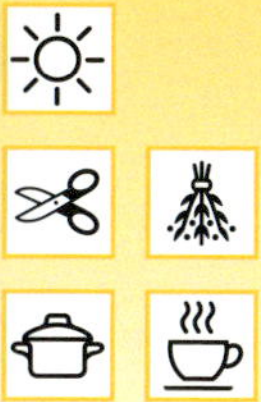

Verbascum densiflorum

Großblütige Königskerze ✿

Familie: Braunwurzgewächse (*Scrophulariaceae*)
Herkunft: Europa, Asien; an Schuttplätzen, Bahndämmen
Aussehen: bis 2 m hoch; Blätter gelbgrün, länglich-elliptisch, wollig behaart; Blüten gelb, schalenförmig, in langen, unten verzweigten Ähren
Standort: sonnig und warm; auf durchlässigen, sandigen, trockenen, auch steinigen Böden
Pflege: anspruchslos; keinesfalls düngen; Vermehrung durch Aussaat, samt sich selbst aus
Verwendung: nur die Kronblätter verwenden; frisch oder schonend getrocknet als Würze und Beilage in Suppen, Saucen, als Aroma für Getränke und Spirituosen, als essbare Garnierung; Sud aus den Blüten mit Honig gesüßt wirkt schleimlösend bei Husten; frische Blüten in Alkohol zum Einreiben bei rheumatischen Muskelschmerzen; Badezusatz bei Hämorrhoiden
Arten/Sorten: Kleinblütige Königskerze (*V. thapsus* ssp. *thapsus*), Windblumen-Königskerze (*V. phlomoides*), Kandelaber-Königskerze (*V. olympicum*)

Erntezeit:
April – Sept.
Blütezeit:
Juni – Sept.

Staude

Verbena officinalis

Echtes Eisenkraut ✿

Andere Namen: Druidenkraut, Eisenhart, Taubenkraut
Familie: Eisenkrautgewächse (*Verbenaceae*)
Herkunft: Mittelmeerraum; an Hecken und Wegrändern
Aussehen: aufrecht sparrig, bis 60 cm hoch; mit vierkantigem, verzweigtem Stängel; Stängelblätter ungeteilt, dreispaltig oder fiederlappig, mit gesägten Zipfeln; violette Blütchen in Ähren
Standort: sonnig; auf feuchten, tiefgründigen, durchlässigen, nährstoffreichen Böden
Pflege: anspruchslos und frosthart; Aussaat im Herbst und im Frühjahr, sät sich selbst aus, auch Teilung ist möglich
Verwendung: Die Blätter erntet man von April bis Juli, die Blüten von Juli bis September und das ganze Kraut zur Blütezeit (frisch oder getrocknet verwenden). Die Blätter schmecken als Tee oder in Kräuterlimonaden. Blanchiert passen sie zu Salaten. Die Blüten eignen sich zum Garnieren. Der Tee aus den Blättern hilft bei Erkältungen und wirkt beruhigend.
Hinweis: Eisenkraut soll Männern besondere Liebeskraft verleihen.

Erntezeit:
März – April
Blütezeit:
März – April

Staude

Viola odorata

Duftveilchen ✿

Andere Namen: Märzveilchen, Wohlriechendes Veilchen
Familie: Veilchengewächse (*Violaceae*)
Herkunft: Südeuropa; in Gebüschen, an Waldrändern
Aussehen: bis 10 cm hoch; Blätter in grundständiger Rosette, herz-eiförmig bis nierenförmig; Blüte mit dunkelvioletter Krone und geradem Sporn, duften angenehm
Standort: halbschattig, unter Gehölzen, kühl und feucht; auf normalen, humosen Gartenböden
Pflege: anspruchslos; Vermehrung durch Teilen oder über Stecklinge
Verwendung: Die Blüten, Blätter und jungen Triebe werden zur Blütezeit geerntet. Die Blüten sind sehr hübsch zum Garnieren und eignen sich zum Kandieren, für Desserts, Sirup, in Duftschalen, für Potpourris oder gepresst als Dekoration. Die Triebe können roh als Salat oder gegart als Gemüse gegessen werden. Das getrocknete Kraut und die Blätter haben als Tee eine schleimlösende Wirkung bei Bronchitis, sind blutreinigend und helfen bei Kopfschmerz und Schlaflosigkeit.

Erntezeit:
Mai – Aug.
Blütezeit:
Mai – Okt.

ein- bis zweijährig

Viola tricolor

Wildes Stiefmütterchen ✿

Anderer Name: Acker-Stiefmütterchen
Familie: Veilchengewächse (*Violaceae*)
Herkunft: Europa, Asien, Nordafrika
Aussehen: bis 30 cm hoch; mit aufrechtem Stängel und herzeiförmigen bis lanzettlichen Blättern, die am Rand gesägt sind und große, fiederteilige Nebenblätter tragen; Blüte häufig dreifarbig (gelb, cremefarben, violett)
Standort: sonnig; auf durchlässigen Böden
Pflege: anspruchslos; sät sich selbst aus
Verwendung: Die Blüten eignen sich wie die des Duftveilchens zum Kandieren und Verzieren, für Potpourris und andere Anwendungen. Die Triebe (von März bis Juni ernten) können roh als Salat oder als Gemüse verzehrt werden.
Der Tee aus dem blühenden Kraut wirkt blutreinigend.
Ein Absud hilft bei Hautausschlag und hartnäckiger Akne.
Arten/Sorten: Auch die Blüten des Großblumigen Garten-Stiefmütterchens (*V. × wittrockiana*) und des Hornveilchens (*V. cornuta*) sind verwendbar.

Erntezeit:
Okt. – Nov.
Blütezeit:
Juli – Aug.

Strauch

Vitex agnus-castus

Mönchspfeffer

Anderer Name: Keuschlamm
Familie: Eisenkrautgewächse (*Verbenaceae*)
Herkunft: Mittelmeergebiet, Zentralasien; an Flussufern und anderen feuchten Plätzen
Aussehen: bis 6 m hoch, aufrecht, verzweigt, sommergrün; Blätter gegenständig, 5- bis 7-fach handförmig geteilt, Unterseite weißfilzig, duften aromatisch; Blüten mit hellvioletter, zweilippiger Krone, in endständigen, ährenartigen Blütenständen; Früchte klein, rotviolett
Standort: sonnig, geschützt; fruchtbare, durchlässige Böden
Pflege: braucht viel Feuchtigkeit im Sommer; nur mäßig frosthart; Vermehrung durch Teilen oder über Stecklinge
Verwendung: Es werden die reifen, dunkelbraunen Früchte gesammelt und getrocknet. Sie schmecken scharf und dienen als Pfefferersatz. In der Homöopathie werden sie gegen Impotenz, Depressionen und Nervenschwäche eingesetzt.
Hinweis: Mönchspfeffer ist seit alters zur Zügelung des Geschlechtstriebes gebräuchlich.

Erntezeit:
Sept. – Dez.
Blütezeit:
Mai – Okt.

einjährig

Xanthophthalmum coronarium

Kronen-Wucherblume

Andere Namen: Shungi-ku, Salatchrysantheme, Goldblume, *Chrysanthemum coronarium*
Familie: Korbblütler (*Asteraceae*)
Herkunft: Mittelmeerraum; Wiesen, Ackerränder
Aussehen: aufrecht, bis 1 m hoch; hellgrüne, fiederschnittige Blätter; gelbe Blütenkörbe, einfach oder gefüllt
Standort: sonnig; nährstoffreiche, leicht saure Böden
Pflege: für Gefäßkultur geeignet; Vermehrung durch Aussaat
Verwendung: Blätter (schmecken ähnlich wie Petersilie) und Blütenknospen mit pikant herbem Geschmack roh in Salaten, zu Tofu und als Blattgemüse zu Fisch; Blüten in ganzen Köpfen oder die ausgezupften Blütenblätter als Gewürz oder für Chop Suey; auch als dekorative Schnittblume in der Vase
Arten/Sorten: 'Tiger Ear' hat besonders breite, fleischige Blütenblätter. Die Blütenblättchen der Saat-Wucherblume (*X. segetum*, auch Acker-Wucherblume genannt oder als *Chrysanthemum segetum* geführt) können überbrüht und zu Salaten und zu Kräuter- und Gemüsesuppen genutzt werden.

Erntezeit:
ganzjährig
Blütezeit:
April – Aug.

Staude

Zingiber officinale

Ingwer

Familie: Ingwergewächse (*Zingiberaceae*)
Herkunft: Südasien; feuchtwarmer tropischer Dschungel
Aussehen: mit horizontal kriechendem Wurzelstock; bis über 1 m hohe, aufrechte Sprosse mit langen, schmal-lanzettlichen Blättern; Blüten gelb mit purpurnem Rand, in endständiger, zapfenartiger Ähre, mit großen, grünen Deckblättern
Standort: halbschattig und warm, bei hoher Luftfeuchtigkeit
Pflege: im Winter hell und warm stellen; Topfkultur mit nährstoffreichem Substrat; zum Vermehren das Rhizom teilen
Verwendung: Das fleischige Rhizom kann nach 8–10 Monaten Kulturzeit herausgenommen werden. Es wird frisch oder getrocknet verwendet und ist ein unverzichtbarer Bestandteil asiatischer Gerichte. Ingwer schmeckt gut in Suppen und Saucen und zu Geflügel. Er eignet sich zum Würzen von eingekochten Früchten (Kürbis), Süßspeisen und Kuchen, aber auch zum Kandieren und Einlegen. Er wirkt verdauungsfördernd und kreislaufanregend, gegen Magenbeschwerden und Reisekrankheit.

Mit Kräutern gestalten

Kräuter sind einfach schön. Mit schmuckem Blattwerk und hübschen Blüten zieren sie Beete wie Töpfe, ihr Duft regt die Sinne an und der Anblick eines würzigen Kräuterensembles kann schon mal Appetit machen.

Kräuter in Szene setzen

Als attraktive Gartengewächse können Kräuter in punkto optischer Reize mit Zierstauden, Sommerblumen, Zwiebelpflanzen und sogar mit manchem Blütenstrauch durchaus konkurrieren. Auch Balkon und Fensterbank können sie zieren. Nutzen Sie die breite Palette der Kräuter und vereinen Sie Schönes mit Nützlichem.

Kräuter fürs Beet

Sie haben eine sonnige Stelle in Beet oder Rabatte frei? Dann ist bereits ein Plätzchen für Kräuter gefunden. Die duftenden und würzigen Gewächse lassen sich ideal in Gemüsebeete oder Staudenrabatten integrieren. Oft wirken Kräuter mit ihrem eher verhaltenen

Diese Grundausstattung deckt den täglichen Kräuterbedarf.

In jedem Segment des streng formalen Beets wächst ein anderes Kraut.

Charme als charmante Vermittler und als Ruhepole im Staudenbeet. So manche Art vermag aber auch alle Blicke auf sich zu ziehen, etwa stattlicher Liebstöckel, wenn er sich aus einem flachen Blütenteppich erhebt, oder der prächtige Scheinsonnenhut, der im Hintergrund eines Staudenbeets dominiert.
In reinen Kräuterbeeten sorgen Kräuter selbst für abwechslungsreiche Bilder – feingliedriger Kerbel neben duftiger Zitronenmelisse, polstriger Thymian neben aufstrebendem Rosmarin. Die Kräuter kommen in streng geometrischen Beeten, die von Buchs, Palisaden, Klinkern oder anderen Umrandungen eingefasst sind, gut zur Geltung. Genauso können Kräuterbeete rund oder oval, dreieckig oder trapezförmig gestaltet werden. Für Mittelmeerkräuter wie Salbei, Lavendel & Co. sind terrassierte Beete und Pflanzstreifen auf oder vor Mauern ideal. Planen Sie die Beete in jedem Fall nicht breiter als 1,5 m, so kommen Sie bequem an alle Kräuter heran. Die Länge ist dagegen beliebig. Vergessen Sie die Wege nicht, jedes Beet muss gut erreichbar sein.

BEPFLANZUNGSVORSCHLAG

Grundausstattung
Beetgröße: 1,2 x 1 m

- A *Allium schoenoprasum*
- B *Borago officinalis*
- C *Helichrysum italicum*
- D *Hyssopus officinalis*
- E *Lavandula angustifolia*
- F *Levisticum officinale*
- G *Salvia officinalis* 'Aurea'
- H *Salvia officinalis* 'Purpurascens'
- I *Satureja montana*
- J *Thymus × citriodorus* 'Variegatus'
- K *Thymus vulgaris*

Hübsch aufgetürmt finden in dieser Konstruktion viele Kräuter Platz.

Balkon und Terrasse

In Töpfen aufgereiht, in Schalen bunt gemixt, in Kästen oder Ampeln vereint – Kräuter werden auf Balkon und Terrasse immer zur Attraktion. Rund ums Haus finden sie oft besonders ideale Wuchsbedingungen, insbesondere die wärmeliebenden Mittelmeergewächse und tropischen Exoten wie Rosmarin, Lorbeer, Frucht-Salbei oder Peperoni. Vor Mauern, die Wärme speichern und kalte Winde ablenken, unter Dachvorsprüngen, die Starkregen abhalten, herrscht meist ein günstiges Kleinklima.

In Gefäßen können Sie die Kräuter für sich allein kombinieren oder mit anderen Pflanzen vereinen. Kräuter wie Gewürztagetes, Ananasminze oder Kapuzinerkresse bringen viel Farbe ins Spiel. Mit schöner Blattfärbung sind viele Kräuter elegante Begleiter zu kräftig gefärbten Balkonblumen, z. B. silbergraues Heiligenkraut zu lila Verbenen oder schlicht grüne Petersilie zu roten Hänge-Pelargonien. Wunderbar ergänzen sich Kräuter und Gemüse – und das nicht erst im Kochtopf. Komplettieren Sie Balkongemüse wie Buschtomaten mit Basilikum, Minigurken mit Borretsch oder Bohnen mit Bohnenkraut.

BEPFLANZUNGS-VORSCHLAG

Kräuterturm

1 Pflanztopf (50 cm Ø), 3 Töpfe (20 cm Ø), 1 Holz- oder Eisenstange (1,5 m)

A 1 × Kerbel (*Anthriscus cerefolium* ssp. *cerefolium*)

B 2 × Gefleckte Taubnessel (*Lamium maculatum* 'White Nancy')

C 1 × Echter Thymian (*Thymus vulgaris*)

D 1 × Zitronen-Thymian (*Thymus* × *citriodorus* 'Variegatus')

Den Platz im Gefäß nutzen Sie optimal, indem Sie staffeln: hängende Arten wie Gundermann im Vordergrund, mittig buschig kompakte wie Currystrauch oder filigran lockere wie Eisenkraut, im Hintergrund straff aufrechte wie Oregano. Auch ein Kräuterturm (→ Kasten) ist platzsparend. Dazu schieben Sie eine Stange durch die Abzugslöcher der Töpfe und bilden so einen Turm. Stabilität gewinnt das Ganze durch Steine, die in den unteren großen Topf gefüllt werden.

Eine Bank lässt sich als Etagere für die Kräutertöpfe zweckentfremden.

Kostbarkeiten und Raritäten aus dem Kräuterreich wie Duft-Pelargonien, Zitronenverbene, Balsamstrauch, Wasserysop oder Indischer Nierentee kommen auf Balkon und Terrasse besonders gut zur Geltung und sind im Winter schnell ins Haus gerückt. Eine kunstvolle Lorbeerpyramide oder ein Rosmarin-Hochstämmchen kann man ebenso hier zur Schau stellen.

Leuchtend bunt präsentieren sich Kräuter und Gemüse im Kasten.

Kräuter auf der Fensterbank

Für eine Weile können Sie jedes Kraut auch im Haus auf der Fensterbank ziehen. Für manche wird allerdings bald Lichtmangel ein Problem, selbst in sonnigster Lage am Südfenster. Denn hinter Glasscheiben fehlt die frische Luft und die Pflanzen bekommen viel weniger Licht, als im Freien. Besonders das UV-Licht wird von Glasscheiben abgehalten. Mit zunehmender Entfernung vom Fenster nimmt die Lichtstärke dann auch noch rapide ab. Sonnenhungrige Kräuter wie Lavendel, Rosmarin oder Thymian kultivieren Sie daher besser im Freien. Trotzdem lassen sich eine Reihe von Kräutern erfolgreich im Zimmer oder im Wintergarten ziehen, allen voran empfindliche Exemplare aus den Tropen, denen unser Klima viel zu rau ist – besonders in den kalten Wintermonaten.

Zu den ausgesprochenen Indoor-Kräutern gehören etwa Aloe, Asiatisches Sumpfpfennigkraut, Zitronengras, Mexikanischer Blattpfeffer, Meerzwiebel, Ingwer oder Knoblauchs-Kaplilie, Letztere wird deshalb auch Zimmerknob-

lauch genannt. Mit diesen würzigen Schönheiten lässt sich eine Fensterbank schon sehr eindrucksvoll begrünen. Vorrang vor dem Schmuckwert hat jedoch immer der Anspruch der jeweiligen Pflanze an den Standort. Stellen Sie daher lichthungrige Arten wie Aloe an sonnendurchflutete West- oder Südfenster, wärmebedürftige wie Gelbwurz in geheizte Räume und Kühle liebende wie Kalmus in Schlafzimmer oder Flur.
Praktisch, weil sofort zur Hand, finden Würzkräuter wie Petersilie, Schnittlauch, Basilikum oder Kerbel auf der Fensterbank in der Küche Platz. Hier kommt es nicht so sehr auf ideale Standortverhältnisse an, denn die Kräuter werden schnell abgeerntet. Binden Sie bei Bedarf die Büschel mit Hilfe von Stäben und Schnur etwas zusammen, damit die Triebe nicht auseinanderfallen. Sind die Kräuter dann weitgehend abgeerntet, können ausdauernde Arten in den Garten umgesetzt werden.
Im Wintergarten haben Sie vielfältige Möglichkeiten zur Kräuterkultur, hauptsächlich die Exoten finden hier beste Voraussetzungen zum Gedeihen. Je nach Raumangebot können Sie hier in Kübeln auch große Exemplare halten, etwa Eukalyptus, Balsamstrauch, Zitronenblatt oder Kurkuma.
Im Wintergarten lassen sich dann auch viele Kräuterarten gut über den Winter bringen, etwa Duft-Pelargonien oder Lorbeer.

BEPFLANZUNGS-VORSCHLAG

Kastenmix
Kasten, 1 m lang, 20 cm tief

- **A** Currystrauch (*Helichrysum italicum*)
- **B** Duftsteinrich (*Lobularia maritima*)
- **C** Duftwicke (*Lathyrus odoratus*)
- **D** 2 × Echter Thymian (*Thymus vulgaris*)
- **E** Elfensporn (*Diascia*)
- **F** Erdbeere (*Fragaria*)
- **G** Korallenstrauch (*Solanum capsicastrum*)
- **H** Peperoni (*Capsicum annuum*)
- **I** Petunie (*Petunia*)
- **J** Ringelblume (*Calendula officinalis*)
- **K** Rotstieliger Mangold
- **L** Zitronenmelisse (*Melissa officinalis*)

1 Würzige Plattenfugen

2 Duftende Chaiselongue

3 Dieses Kräuterensemble wird mit Peperoni farbig aufgepeppt.

4 Töpfe hoch hinaus

5 Kräuter im Taschentopf

Vielfältig kombinieren

Die Vielseitigkeit der Kräuter eröffnet ungeahnte Möglichkeiten bei der Gestaltung. Neben den rein äußerlichen Eigenschaften wie Form und Farbe kann man Beete, Pflanzstreifen oder Gefäße auch nach anderen Gesichtspunkten mit Kräutern bestücken: Duft, Heilkraft, Geschmack oder Herkunft weisen dann den Weg.

Düfte über Düfte

Duft, so sagt man, ist die Seele der Pflanzen. Ihre Wohlgerüche streicheln unser Innerstes, beruhigen flattrige Nerven oder verscheuchen trübe Stimmung. Es liegt also nahe, Duftkräuter zu einem köstlichen Gartenparfüm zusammenzufügen. In der großen Kräuterparade findet man dabei alle möglichen Duftrichtungen: fruchtig, zitronig, balsamisch, pfefferwürzig …
Viele Kräuter verströmen ihre Düfte erst, wenn Wind über sie weht oder man ihr Blattwerk berührt. Duft-Pelargonien, Balsamkraut oder Minzen sind eindrucksvolle Beispiele. Solche Duftkräuter sollten Sie nahe eines Weges oder am Beetrand platzieren, um sie häufig berühren zu können.
Fügt man polstrig wachsende Arten wie Quendel, Zitronen-Thymian oder Poleiminze zu einem dichten Pflanzenteppich, steigen beim Betreten ganze Duftwolken auf. Gelegentlicher Tritt schadet nicht, wer aber häufig über sie schreiten möchte, sollte Trittplatten einfügen.
Blütendufter wie Lavendel, Veilchen oder Schlüsselblumen bedürfen nicht unbedingt eines Orts, an dem Sie den Wohlgeruch aus nächster Nähe genießen können, denn zur Blütezeit ist die Luft weithin mit ihrem Parfüm geschwängert.
Viele Kräuter ergänzen mit ihren Düften die Aromen anderer Blumen. Der Wohlgeruch von Rosen etwa kommt im Verein mit Lavendel noch besser zur Geltung. Andere Kräuter wiederum duften vor allem am Abend, so die Nachtviole, weshalb sie nahe am abendlichen Sitzplatz stehen sollte.
Immer aber sollten Sie bedenken, Kräuter mit starken Düften nicht wahllos zu kombinieren, sonst mag es unangenehm werden. Stellen Sie besser einen Duft oder eine Duftrichtung in den Vordergrund.

Form- und Farbspiele

Schauen Sie sich Kräuter einmal genauer an: Ist es nicht erstaunlich, was die Arten an Formen und Farben zu bieten haben? Das lädt ein zum munteren Kombinieren. Gestalten Sie ein Kräuterbeet doch einmal mit einer interessanten Mixtur verschiedenster Wuchsformen und Blattfärbungen. Allein mit Salbei mit seinen verschiedenen Arten und Sorten lässt sich ein herrliches Pflanzenensemble schaffen. Der Gewürz-Salbei ist mal dicht buschig mit graugrünen, schmalen, zugespitzten Blättern, mal zeigt eine andere Varietät ausladenden Wuchs mit breit ovalem Laub in silbriger Färbung. Manche Sorten tragen gekräuselte Blätter (z. B. 'Crispa'), andere wieder weißbunte ('Creme de la Creme'), golden gefleckte ('Aurea') oder purpurn schattierte ('Purpurascens'). Zwerg-Salbei (*Salvia officinalis* 'Nana') wächst gedrungen, Spanischer Salbei (*Salvia lavandulifolia*) eher kriechend.

Doch man muss sich keineswegs auf eine Gattung beschränken. Viele verschiedene Grüntöne der unterschiedlichsten Kräuter erzeugen schon eine gewisse

In schwungvollen Streifen fügen sich die Kräuter zu einem eleganten Bild.

Buntheit. Setzen Sie Akzente mit gelben, rötlichen oder silbern gefärbten Exemplaren dazwischen, schon entsteht ein Mosaik von besonderer Farbenfreude.
Zu den Farbspielen tragen natürlich auch die Blüten bei. Nicht wenige Kräuter begeistern mit außerordentlich leuchtkräftigem und üppigem Blumenschmuck, etwa Ringelblume, Stockrose, Malve, Indianernessel, Alant, Färberdistel oder Färberkamille. Solche Kräuter brauchen einen Vergleich mit Prachtstauden kaum zu scheuen. Andere Kräuter zeigen Blüten mit verhaltenerem Charme, etwa Bischofskraut mit seinen weißen, Garten-Dill mit gelben Blütenschirmen oder Ysop mit leuchtend blauen Blütenrispen.
Mischen Sie – nach dem Vorbild der freien Natur – Kräuter in ihren unterschiedlichen Formen und Farben bunt durcheinander, es ergibt sich immer ein abwechslungsreiches Bild. Setzen Sie dabei immer einige Highlights dazu, z. B. in Form einer prächtigen Königskerze oder eines Eibischs. Sie können bei der Beetgestaltung auch ein konkretes Konzept verfolgen, beispielsweise einen Farbkontrast zwischen Grün und Rot, aufgelockert durch einige gelbe Tupfer, etwa mit Frauenmantel, Fuchsschwanz und Färberkamille.

BEPFLANZUNGS-VORSCHLAG

Vollendete Form
Beetgröße:* *2 x 1,2 m oder größer, Anordnung in schwungvollen Linien

- A *Helichrysum italicum* ssp. *serotinum*
- B *Lavandula angustifolia*
- C *Origanum vulgare* 'Compactum'
- D *Origanum vulgare* 'Variegatum'
- E *Rosmarinus officinalis*
- F *Salvia officinalis* 'Aurea'
- G *Salvia officinalis* 'Aureovariegata'
- H *Salvia officinalis* 'Purpurascens'
- I *Thymus × citriodorus* 'Silver Queen'
- J *Thymus serpyllum*

Kräutervariationen

Sind die Standortansprüche der gewählten Kräuter unterschiedlich, bietet sich eine Kräuterspirale oder -schnecke an. Im gewundenen Pflanzareal zwischen Tro-

Kräuterdüfte schmeicheln der Nase und wärmen die Seele.

Kräuterblüten sind optisch wie kulinarisch ein Genuss.

ckenmauern wechseln Sonnenlicht, Wärme, Erdbeschaffenheit und Bodenfeuchtigkeit und bieten Kräutern mit verschiedenen Bedürfnissen eine Lebensgrundlage. Oben, wo es vollsonnig, heiß und trocken ist, finden auf magerem Untergrund etwa Rosmarin oder Thymian Platz, unten im Schatten der Anlage am Ufer eines kleinen Teichs dagegen Schnittlauch oder Brunnenkresse.

Sie können auch ein genussvolles Motto für die Gestaltung wählen, beispielsweise ein Mix aus typischen Kräutern der italienischen Küche. Oregano, Thymian, Salbei, Rosmarin, Basilikum, Rucola dürfen hier nicht fehlen. Asiatische Gaumenfreuden werden mit Rotem Shiso, Koriander, Japanischer Petersilie, Thai-Basilikum und Kronen-Wucherblume wahr.

Sind Sie Liebhaber von Salat, werden Sie an einem Salatkräuterbeet mit Arten wie Rauke, Gutem Heinrich oder Hederich viel Freude haben. Ähnliches gilt für Spinatkräuter, also Arten wie Fuchsschwanz, Kubaspinat oder Gartenmelde.

Beete oder Pflanzgefäße für Wellness und Wohlbefinden beherbergen z. B. Teekräuter, Badekräuter wie Hopfen, Malve oder Lavendel sowie Arten, aus denen man Kosmetika herstellen kann, etwa Schafgarbe, Römische Kamille oder Rosmarin.

Viele der Teekräuter (→ Seite 241) haben heilsame Wirkungen. Sie passen also auch zu einem Kräuterensemble für die Hausapotheke: Echte Kamille, Pfefferminze, Gewürz-Fenchel, Echter Eibisch, Ringelblume, Arnika oder Beinwell sind so schnell zur Hand und können, wenn sie gebraucht werden, frisch gepflückt werden.

TEEKRÄUTER

DEUTSCHER NAME BOTANISCHER NAME	VERWENDUNG
Limonenysop *Agastache mexicana*	Blätter und Stängel; beruhigt die Nerven
Bergagastache *Agastache urticifolia*	zarte Blätter und hellrosa Blütenkerzen; für Mischungen
Großer Odermennig *Agrimonia procera*	Blüten und Blätter; honigartiger, zartbitterer Geschmack; Haustee
Zitronenverbene *Aloysia triphylla*	Blätter mit Zitronenaroma; erfrischend; Haustee
Echter Kümmel *Carum carvi*	Früchte; bei Blähungen und leichten Magen-Darm-Krämpfen
Schmalblättriges Weidenröschen *Epilobium angustifolium*	Blütenknospen und Blätter; zartsüßer Geschmack, Haustee
Zimterdbeere *Fragaria moschata*	Blätter; feinherber, ausgewogener Geschmack, Haustee
Malventee, Rosella *Hibiscus sabdariffa* var. *sabdariffa*	rote Kelchblätter („Hibiskusblüten"), grüner Außenkelch; Tee
Zitronenduftendes Johanniskraut *Hypericum hircinum*	Blüten, Blätter; Geschmack nach Zitrone und Kampfer
Zitronenwandelröschen *Lantana* spec.	Blätter mit herb würzigem Zitronenaroma; für Mischungen
Argentinischer Minzestrauch *Lippia polystacha*	Blätter mit Spearmint-Duft; bei Magenverstimmungen
Kreta-Melisse *Melissa officinalis* ssp. *altissima*	haarige Blätter mit Limettenaroma; für Mischungen
Weiße Katzenminze *Nepeta cataria* var. *citriodora*	Blätter mit Zitronenaroma; erfrischend; für Mischungen
Ginseng *Panax ginseng*	gelblich weiße Wurzeln; zur Stärkung der körperlichen Abwehr
Rose *Rosa*-Arten und -Sorten	Blütenblätter; Arten und Sorten verschieden; für Mischungen
Himbeere *Rubus idaeus*	Blätter; erfrischend; gegen leichten Durchfall
Weißklee *Trifolium repens*	Blütenköpfe; süßlicher Geschmack; Haustee
Echter Ehrenpreis *Veronica officinalis*	junge Triebe und Blätter; beruhigend, mild, verdauungsfördernd

KRÄUTER FÜR SONNIGE STANDORTE

Acker-Schachtelhalm	S. 100	Echter Steinklee	S. 134
Amerikanische Arnika	S. 55	Echter Thymian	S. 212
Ananasminze	S. 140	Echter Ziest	S. 199
Anis	S. 171	Echtes Basilikum	S. 155
Arznei-Thymian	S. 210	Echtes Eisenkraut	S. 222
Austernpflanze	S. 141	Echtes Mädesüß	S. 104
Aztekisches Süßkraut	S. 128	Echtes Seifenkraut	S. 190
Balsamkraut	S. 205	Eiskraut	S. 222
Balsamstrauch	S. 79	Estragon	S. 59
Benediktenkraut	S. 86	Etagenzwiebel	S. 37
Bischofskraut	S. 47	Eukalyptus	S. 103
Blutwurz	S. 178	Färberdistel	S. 77
Borretsch	S. 68	Färberkamille	S. 50
Brennnessel	S. 219	Französischer Majoran	S. 160
Chinesische Kammminze	S. 98	Frucht-Salbei	S. 185
Chinesische Stockrose	S. 34	Gänseblümchen	S. 66
Curryblatt	S. 147	Gänse-Fingerkraut	S. 177
Currystrauch	S. 111	Garten-Dill	S. 48
Dalmatiner Insektenblume	S. 206	Garten-Fuchsschwanz	S. 46
Diptam-Dost	S. 158	Garten-Melde	S. 63
Duftendes Mariengras	S. 113	Gelbgrüner Frauenmantel	S. 35
Eberraute	S. 57	Gewöhnliche Bärwurz	S. 143
Echte Aloe	S. 43	Gewöhnliche Katzenminze	S. 151
Echte Arnika	S. 56	Gewöhnliche Myrte	S. 149
Echte Goldrute	S. 198	Gewöhnliche Nachtkerze	S. 157
Echte Kamille	S. 133	Gewöhnliche Nachtviole	S. 112
Echte Pfefferminze	S. 137	Gewöhnliche Wegwarte	S. 84
Echter Alant	S. 118	Gewöhnlicher Andorn	S. 132
Echter Baldrian	S. 220	Gewöhnlicher Beifuß	S. 62
Echter Eibisch	S. 45	Gewöhnlicher Löwenzahn	S. 208
Echter Kalmus	S. 29	Gewöhnlicher Wundklee	S. 52
Echter Kümmel	S. 78		
Echter Lavendel	S. 121		
Echter Schwarzkümmel	S. 152		

KRÄUTER FÜR HALBSCHATTIGE STANDORTE

Gewöhnliches Barbarakraut	S. 65
Giersch	S. 30
Goldrute	S. 198
Großblütige Bergminze	S. 72
Grüne Minze	S. 139
Gundermann	S. 109
Herzgespann	S. 124
Hohe Schlüsselblume	S. 179
Houttuynie	S. 114
Indianische Minze	S. 191
Indischer Nierentee	S. 163
Ingwer	S. 227
Italienische Rauke	S. 94
Japanische Petersilie	S. 91
Kleiner Wiesenknopf	S. 188
Knoblauchsrauke	S. 36
Korsische Minze	S. 138
Kresse	S. 125
Liebstöckel	S. 126
Limonenysop	S. 32
Löffelkraut	S. 87
Lorbeer	S. 120
Malabar-Kardamom	S. 97
Meerrettich	S. 54
Meerzwiebel	S. 162
Mexikanischer Blattpfeffer	S. 172
Mexikanischer Koriander	S. 102
Moskitopflanze	S. 31
Parakresse	S. 28
Petersilie	S. 170
Pfefferminz-Pelargonie	S. 166
Ringelblume	S. 73
Römische Minze	S. 71
Roter Shiso	S. 167
Rucola	S. 101
Schabzigerklee	S. 214
Scharbockskraut	S. 180
Scharlach-Indianernessel	S. 144
Schmalblättriges Weidenröschen	S. 99
Schnittlauch	S. 40
Schnittsellerie	S. 53
Späte Indianernessel	S. 145
Spitzwegerich	S. 174
Süßdolde	S. 148
Süßwurzel	S. 197
Vietnamesischer Koriander	S. 169
Vogelmiere	S. 200
Walderdbeere	S. 106
Waldmeister	S. 108
Waldsauerklee	S. 164
Wasserminze	S. 136
Wasserysop	S. 64
Weiße Taubnessel	S. 119
Wiesen-Knöterich	S. 67
Wiesen-Schaumkraut	S. 76
Zitronenverbene	S. 44

KRÄUTER FÜR SCHATTIGE STANDORTE

Bärlauch	S. 42
Waldmeister	S. 108
Waldsauerklee	S. 164

Pflanzenregister

Die **fett** gesetzten Seitenzahlen weisen auf Abbildungen hin.

C

D

Adressen

Gärtnereien mit Versand

artemisia
Hopfen 29
88167 Stiefenhofen im Allgäu
www.artemisia.de

Blauetikett Bornträger GmbH
In den Aspen
67591 Offstein
www.blauetikett.de

Blumenschule im Schongau
Augsburger Str. 62
86956 Schongau
www.blumenschule.de

Gärtnerei Gaissmayer
Jungviehweide 3
89257 Illertissen
www.staudengaissmayer.de

herb's Bioland Gärtnerei
Stedinger Weg 16
27801 Dötlingen OT Nuttel
www.herb-s.de

Die Kräuterei
Alexanderstr. 29
26121 Oldenburg
www.kraeuterei.de

Plantasia
Kräuter- und Staudengärtnerei Mann
Schönbacher Str. 25
02708 Lawalde
www.pflanzenreich.com
www.plantasia.de

Rachlinger, Hermann
Am Anger 25
A-4560 Kirchdorf
www.minzen.com

Raritätengärtnerei Treml
Eckerstr. 32
93471 Arnbruck
www.pflanzen-treml.de

Rühlemanns Kräuter und Duftpflanzen
Auf dem Berg 2
27367 Horstedt
www.ruehlemanns.de

Saatkontor Ole Schoener
Gut Weilen 9 a
28759 Bremen
www.saatkontor.de

Syringa - Duft- und Würzkräuter
Bachstr. 7
78247 Hilzingen-Binningen
www.syringa-samen.de

Literatur

Kräuter
Greiner, Karin/Weber, Angelika
Gräfe und Unzer Verlag, München

Die neue Kräuter-Enzyklopädie
Bown, Deni
Dorling Kindersley Verlag, München-Starnberg

Grüne Apotheke
Grünwald, Jörg/Jänicke, Christof
Gräfe und Unzer Verlag, München

Umschlagvorderseite: Schnittlauch; **Umschlagrückseite:** Bärlauch (o.), Kapuzinerkresse (mi.), Dill, Ringelblume, Salbei, (u.)

Die Fotografen
Blickwinkel: 162; **Borstell:** 2 o., 4, 8, 25, 41, 42, 49, 57, 80, 88, 108, 126, 128, 144, 153; **Botanical Services/Wall:** 156; **Diez:** 11; **Ernst:** 78, 93, 158, 160, 163; **FloraPress:** 17, 19, 34, 96, 104; **FloraToskana:** 85; **Gaissmayer:** 194; **Gartenfoto.at:** 95, 183, 222, 226; **Hansen:** U4 o., U4 mi., U4 u., 10, 15, 22; **Hecker:** 66, 76, 110, 148, 220; **Jahreiß/GU:** 13, 18, 20, 236 re. u.; **Kress:** 113; **Laux:** 32, 38, 39, 43, 53, 61, 69, 82, 92, 94, 98, 103, 127, 131, 134, 137, 138, 140, 142, 143, 145, 151, 173, 178, 181, 186, 190, 198, 200, 206, 209, 210, 211, 213, 223, 227; **Pforr:** 29, 36, 37, 40, 45, 50, 51, 54, 56, 63, 67, 68, 73, 83, 84, 86, 99, 100, 111, 112, 115, 124, 129, 130, 146, 149, 152, 157, 161, 166, 167, 168, 187, 188, 189, 192, 193, 195, 202, 214, 218, 219, 230; **PhotoPress:** 74, 224; **Plantaphile:** 81; **Redeleit:** 6, 55, 71, 141, 228; **Reinhard:** 2 li. u., 3 o., 28, 31, 33, 46, 47, 60, 64, 70, 72, 79, 87, 91, 97, 101, 105, 106, 118, 120, 121, 123, 150, 154, 155, 165, 170, 171, 172, 177, 182, 184, 196, 197, 201, 205, 208, 215, 221, 236 li. o., 238; **Romeis:** 7, 9; **Save:** 175; **Schneider/Will:** 16, 35, 133, 136, 159, 180, 203, 232, 236 mi.; **Silvestris:** 135; **Stockfood:** 48, 90; **Stockfood/Krieg:** 236 li. u.; **Strauß:** 21, 26, 44, 75, 77, 116, 117, 185, 191, 216, 217, 225, 231, 233, 234, 236 re. o., 240 u.; **Timmemann:** U2 u., 3 u., 12, 14, 139, 229, 240 o.; **TopTropicals:** 102; **Waldhäusl:** 5 o. re.; **Wothe:** 27, 30, 52, 58, 59, 62, 65, 107, 109, 119, 125, 132, 174, 179, 199, 204, 207, 212; **Wunderlich:** 122, 147, 169

Dank
Die Autorinnen danken Konstanze Neubauer für ihre wertvollen Hinweise und die Unterstützung bei der Erstellung der Porträts.

---

100 JAHRE GANSKE VERLAGSGRUPPE

GRÄFE UND UNZER

Ein Unternehmen der
GANSKE VERLAGSGRUPPE

Programmleitung: Marta Vascotto
Leitende Redaktion: Anita Zellner
Redaktion: Birgit Dauenhauer
Bildredaktion: Daniela Leimbach
Lektorat: Frauke Bahle
Umschlaggestaltung und Layout: Cordula Schaaf
Herstellung: Susanne Mühldorfer
Satz: Cordula Schaaf
Reproduktion: Penta, München
Druck: Appl, Wemding
Bindung: Druckerei Auer, Donauwörth

Printed in Germany

ISBN (10) 3-8338-0414-9
ISBN (13) 978-3-8338-0414-4

1. Auflage 2007